Joke N

Naak & Naby

- *Hou die kommunikasie tussen julle oop sodat julle saam kan groei en kan bly groei*
- *Vir verliefdes, verloofdes en getroudes*
- *Hersiene en bygewerkte uitgawe*

Lux Verbi.BM

Oorspronklik verskyn onder die titel
Naak & Naby
Uitgegee deur HAUM-Uitgewers, Posbus 629, Pretoria 0001
Voorheen uitgegee deur Owen Burgess-Uitgewers
Outeursreg hersiene en bygewerkte uitgawe © 2000 Lux Verbi.BM
Posbus 5, Wellington 7654
Tel: 021-873 3851

Geset in Clearface Regular 12 op 14pt
deur Martingraphix
Gedruk en gebind deur NBD,
Drukkerystraat, Goodwood,
Wes-Kaap

Eerste uitgawe, eerste druk 2000

ISBN 0 86997 901 9

Inhoud

Inleiding

Toe ek twaalf jaar gelede *Naak & Naby* geskryf het, was daar 'n sterk noodkreet van egpare om meer oor openhartigheid en eerlike, direkte kommunikasie te leer. Dié behoefte het sedertdien nog geensins verander nie. Ek sien elke dag hoe mense worstel om na mekaar toe oor te kom, hoe hulle mekaar misverstaan en as gevolg daarvan gou skewe prentjies en persepsies vorm van wie en wat hulle maat werklik is.

Die gevolg is: Die een hoor en sien al hoe moeiliker wat die ander een wil oordra en deel. Elkeen versterk sy/haar skanse en verdediging teen die ander een, sodat die lewensaar na mekaar toe verstop raak. Die een maat kan nie die ander een in sy/haar naaktheid ontdek en mekaar so werklik leer verstaan nie. Verstaan lê immers in die wese van 'n goeie, gesonde verhouding.

Dit is ook God se ideaal vir die huwelik dat huweliksmaats mekaar in hul naaktheid moet ontmoet sodat hulle mekaar se menswees kan ontdek en uitbou. God het man en vrou kaal aan mekaar toevertrou. In Genesis 2:25 staan dat hulle twee, die mens en sy vrou, kaal was, maar hulle was nie skaam nie. In dié intieme verhouding moet man en vrou hulself fisiek maar ook emosioneel en psigies vir mekaar ontklee en oopstel om te groei.

Naak & Naby is 'n boek oor oop kommunikasie met praktiese voorbeelde, toepassings en oefeninge om julle te help om self kommunikasie te bevorder. Dit illustreer hoe kompleks kommunikasie in werklikheid is en hoe elkeen se verwysingsraamwerk – bepaal deur sy/haar agtergrond, gedragstyl, persoonlikheid en die konkrete situasie waarin dit plaasvind – 'n rol speel. *Naak & Naby* word onderskei van my ander boek *Ruimte vir twee,* waarin die hoofklem val op individualiteit, die vryheid om jou eie mens te wees en uit te leef, al het dit ook 'n kort gedeelte oor kommunikasie en konflik in.

Openhartigheid en respek vir mekaar se gevoelens, behoeftes en menswees is die lewensaar wat dit vir jou moontlik maak om 'n totaal ander mens as jy te verstaan. Sonder begrip vir jou maat word julle saamleef baie moeilik, kan julle mekaar nie stelselmatig leer aanvaar nie en is dit moeilik om te bly liefhê.

Onvoorwaardelike liefde, die ware liefde wat God van ons vra, beteken dat jy jou maat moet aanvaar en liefhê, ook vir dié eienskappe en gedrag wat deel van hom/haar is, maar wat jou dikwels verontrief en pyn aandoen.

DIE INHOUD VAN HIERDIE BOEK

Die inhoud van *Naak & Naby* spruit uit ervaringskennis waarin ek die afgelope jare in my praktyk met probleem-egpare, oud en jonk, maar ook met voorhuwelikse pare en verloofdes gegroei het.

Die doel van *Naak & Naby* is

- ♥ om jou bewus te maak van jou eie verwagtings, behoeftes en gevoelens en gevoelig te raak vir dié van jou maat;
- ♥ om jouself en jou maat as kwesbare mense te ontdek en beter te leer ken en te verstaan;
- ♥ om bewus te word van verskille en te leer om dit só te hanteer dat dit julle nie verwyder nie, maar nader aan mekaar bring;
- ♥ om jou die vreugde en rykdom van openheid te laat ervaar en op die gepaste manier daarop te laat voortbou, en
- ♥ om julle te help om saam te groei en *te bly* groei.

Die hoofstukke van die boek is as volg ingedeel:

- ♥ Hoofstuk 1 wys hoe die huweliksisteme verander het, waar die spanningsvelde vandag lê, maar ook waarom oop kommunikasie in die verlede skipbreuk gely het.
- ♥ Hoofstuk 2 maak julle bewus van jul verskillende verwysings-raamwerke en hoe dit kommunikasie kleur en verklein. Elkeen het 'n unieke beleweniswêreld waaruit hy/sy praat en luister. Julle is verskillend geprogrammeer.
- ♥ Hoofstuk 3 handel oor die rol wat emosies – positief en negatief – onderliggend aan jul wisselwerking en kommunikasie speel. Dit wil julle help om meer bewus te word van jul eie gevoelens, ook van woede of *anger* wat noodwendig deel van die liefde vorm.
- ♥ Hoofstuk 4 verduidelik die ingewikkelde proses van kommunikasie en waarom dit so moeilik is om werklik kontak te hê met jou maat se werklikheid.
- ♥ Hoofstuk 5 fokus op ware luister met die doel om jou oop te stel vir jou maat.

- ♥ Hoofstuk 6 bou voort op die kommunikasie tydens wrywing en botsing. Dit leer julle dat ook die pyn in 'n verhouding omvorm kan word tot 'n bousteen waarin julle mekaar leer verstaan en nader aan mekaar kan groei.
- ♥ Hoofstuk 7 behandel die seksuele as liefdeskommunikasie tussen man en vrou. Ook hier staan julle naak voor mekaar en moet julle sensitief met mekaar omgaan.
- ♥ In die slot wys ek kortliks daarop hoe julle kan aanhou groei.

HOE OM DIÉ BOEK TE GEBRUIK

Die doel van *Naak & Naby* is nie net om jul kennis uit te brei nie, maar om saam met mekaar te ervaar en te oefen hoe julle naak voor mekaar kan staan.

Ek wil voorstel dat julle albei 'n hoofstuk eers individueel deurwerk. Dink ernstig daaroor na en maak daarna genoeg tyd om die betrokke oefeninge saam te doen. Dit vra 'n mate van selfdissipline, maar die resultate is beslis die moeite werd!

Daar is individuele en saam-met-mekaar-oefeninge. Die individuele oefeninge is meestal 'n voorbereiding op 'n diep, oop gesprek met mekaar. Ek beveel aan dat elkeen 'n oefeningboek aanskaf waarin julle jul individuele skryfwerk vir die oefeninge kan doen.

Dit is belangrik om die aantekeninge bymekaar te hou omdat daar dikwels kruisverwysings is – baie dinge in 'n verhouding hou immers met mekaar verband. Dit kan ook 'n belewenis wees om later weer deur jul oefeningboeke te lees. Julle sal verbaas wees oor sekere veranderings en moontlike groei!

Julle kán mekaar beter leer verstaan en groter nabyheid beleef as julle erns maak met die oefeninge en ruimte en tyd daarvoor inruim. Mag dié boek julle help om deur oop kommunikasie en die gee van jul ware self vir mekaar, 'n verhouding op te bou waarin julle albei as mens en in jul verhouding met mekaar sal groei en ware paradysvreugde sal ervaar.

HOOFSTUK 1
Verandering verskuif die grondplan

DIE SAMELEWING EN DIE HUWELIK

Die huwelik is altyd 'n kleiner sosiale eenheid, 'n mikrokosmos binne die groter sosiale samelewing, die makrokosmos. Daarom kan die twee nooit los van mekaar gesien word nie en is hulle interafhanklik. Soos die groter een verander, verander die kleiner een ook en word die kleine 'n klein replika van die grote.

Een van die belangrikste verskuiwings in ons samelewing is waarskynlik die verandering in die verhouding tussen die geslagte. Waar mans eeue lank in beheer van alles was en ook mag oor die vrou gehad het, is die bordjies vinnig besig om verhang te word. Vandag beklee vroue sleutelposisies in die politiek en sakewêreld, begeef hulle hulle in byna enige beroep en wedywer en presteer op terreine wat in die verlede die uitsluitlike domein van die man was. Die regte van vroue en menseregte word alles met wetgewing versterk en een mens mag nie meer oor 'n ander heers nie. Gelyke beregtiging word die wagwoord. Waar vroue vroeër die bedreigde spesie was, word dit nou meer dikwels die mans wat bedreig word – en dié onttroning maak hulle onseker van hul posisie en plek.

Die vrou se veranderde rol in die samelewing het noodwendig ook haar rol in die huwelik geraak. Baie vroue wil nou ook "uit"beweeg na buite. Sy wil nie net aan 'n huis en kinders verbonde wees nie, maar haar identiteit ook in 'n beroep vind.

Die vrou het langs die man en teenoor hom ingeskuif. Sy is ook nie meer tevrede om hom net te volg nie. Sy wil ook lei en inspraak hê in die bestuur van die huwelik en huis. Dié groter onafhanklikheid en sterker selfgelding het die stabiliteit wat die ou huwelik gekenmerk het, bedreig, soos ons in die aanpassingsterreine sal sien.

Soos die vrou se posisie en plek verander, raak dit weer dié van die man. Die verwagtings oor hoe die man en hoe die vrou 'n huwelik sien en wat elkeen uit 'n huwelik wil hê, kan baie verskil. Daarom moet 'n huwelik as 't ware opnuut gedefinieer word vir elke individuele paartjie in hulle unieke omstandighede. Daarvoor is daar reeds stewige, oop kommunikasie noodsaaklik – iets wat in die ou model ontbreek het.

Om hierdie veranderinge, met die oog op die pad vorentoe, duidelik te verstaan, gaan ek die huwelik van gister vergelyk met die huwelik van vandag – of waarheen ons elkeen op pad is.

DIE HUWELIK VAN GISTER – DIE TRADISIONELE HUWELIK

Hier is eers 'n skematiese voorstelling:

'n Vaste grondplan met:

outokratiese bestuur: "pas in by my"
duidelike reëls en voorskrifte waarby lede moes inpas
vaste rolle: man – broodwinner / vrou – tuisteskepper.
Geslote kommunikasie

Hoofwaarde: sekuriteit en sterk gesinsgesentreerdheid

Baie eeue lank het die samelewing 'n duidelike, vaste grondplan vir die huwelik en gesin voorgeskryf. Die samelewing was die argitek en boumeester wat bepaal het hoe die huis (huwelik) moet lyk, hoe die mure gebou moet word, hoe die konstruksie moet wees. Alle huwelike was min of meer uniform. Daar was definitiewe rolverwagtings vir die man en vir die vrou en duidelike voorskrifte en reëls vir gedrag. Kortom, daar was 'n duidelike, vaste struktuur met bepaalde lyne waarbinne elke gesinslid moes opereer.

Een van die beduidendste lyne was die hiërargie waarin die gesin tot mekaar gestaan het. Die pa was die hoof in die rangorde en daarna het die ma en die kinders gevolg. Die pa was die gesagsfiguur wat nie net die interne voorskrifte en reëls neergelê het nie, maar wat ook gesorg het dat dit uitgevoer word. Elke gesinslid moes daarby inval en inpas. Daar is dus van die lede verwag om te konformeer.

Hoe laer jy in die hiërargie was, hoe minder sê het jy gehad. Ouer broers se stemme was dikker as hul susters s'n. Hoe strenger die pa was, hoe meer was sy woord wet en hoe sterker moes jy sy manier en patroon volg – met min vryheid vir persoonlike behoeftes of om te eksperimenteer en jou eie mens te wees.

Dit het meestal 'n inhokkende, onvrye effek op die ma en kinders gehad. Die kinders was bang en ook onseker om hul eie behoeftes op die tafel te sit en hul eie perspektiewe uit te lig, want ouers was dikwels nie ontvanklik of gevoelig daarvoor nie. As gevolg van hulle reëls en standaarde was daar duidelike regte en verkeerde lyne. As jy verkeerd gedoen het, kon jy maar seker wees van 'n goeie straf of pak slae wat sou volg. Gesag en dissipline het die regte reëls en gedrag in stand gehou. Elkeen het duidelik geweet wat van hom/haar verwag word.

In 'n hiërargiese sisteem kan die kommunikasie nie oop wees nie. Die mense heel onder in so 'n hiërargie het nie die vrymoedigheid om te praat nie, die mense heel bo moet weer sterk en alwetend wees om leiding te kan gee sodat hulle ook moeiliker hul kwesbare en sagter kante kan wys. En waar kommunikasie so geslote is, word negatiewe gevoelens onderdruk en konflik as negatief beskou.

Negatiewe gevoelens tussen die pa en ma is agter geslote deure gehanteer. Of die ma was maar net die minste en het dié negatiewe gevoelens, net soos die kinders, eenvoudig onderdruk. *Anger* of woede was 'n taboe-emosie, met die gevolg dat baie mense nou nog vas glo dat hulle nie mag kwaad word nie – met kwade gevolge vir die huwelik.

Die rolle in die tradisionele gesin is ook uitgewerk met vaste voorskrifte en verwagtings vir manlike en vroulike gedrag. Elkeen het sy eie terrein van beheer gehad. Die man was die een wat na buite beweeg en die finansiële versorging gedoen of die *provider–rol* gespeel het. Hy was ook die beskermheer vir sy vrou en kinders. Die vrou, weer, het na binne geopereer as tuisteskepper en opvoeder van die kinders. Sy was die ondersteuner vir almal, al het sy self so dikwels ook ondersteuning nodig gehad. Aan die kinders is ook duidelike take en verantwoordelikhede opgedra.

Natuurlik was daar binne gesinne variasie en verskeidenheid en inherent selfs eienskappe van die nuwe vorm van die huwelik. Tog was huwelike na buite redelik uniform.

Dié vaste rolle het ook beperkings op die man en vrou gelê. Die man was nie altyd in alle opsigte die "sterker een", die tipiese leier nie.

Baie vroue, weer, moes hulself keer om hulle te laat geld of 'n beroep opoffer waarin hulle ook graag 'n identiteit sou wou vind. Waar sommige deur die man ontmoedig en selfs belet is om so iets te doen, het ander gewerk sonder die nodige ondersteuning in die huishouding. En die vrou moes die las van dubbele rolle dra en supervrou speel.

Die positiewe waarde van die ouer huwelik het gelê in stewige sekuriteit en geborgenheid vir al die gesinslede – omdat elkeen presies geweet het wat van hom/haar verwag word. Die huwelik was daar ter wille van die gesin en het sterk in die gesin opgegaan.

DIE HUWELIK VANDAG – DIE VENNOOTSKAPHUWELIK

'n Oop grondplan met:

demokratiese bestuur: "pas in by mekaar"
riglyne volgens behoeftes van die lede
swewende rolle en werkverdeling soos die gesin dit bepaal
oop kommunikasie

Hoofwaarde: vryheid en klem op interpersoonlike verhoudings

Waar die samelewing in die vorige dekades hoofsaaklik die grondplan vir die huwelik bepaal het, het pare nou eie en meerdere keuses om self die grondplan op te trek. Hulle is self die argitek en boumeester van hul eie huis (huwelik). Hulle kan en mag ook voortdurend daaraan verander soos wat hul behoeftes en situasies verander. Dit is dus 'n oop en soepel grondplan (daarom dan meer stippellyne).

Die gesagslyne tussen man en vrou vervaag en verval. Hulle staan nou as gelykes teenoor mekaar. Hulle word vennote wat saam besluit hoe die man en die vrou se rolle gaan lyk (en dit hoef nie die stereotipe rolle te wees nie!), hoe die werkverdeling daar uitsien en watter reëls, of eerder riglyne, vir die gesin gaan geld. Hulle gee 'n eie definisie aan hul huwelik wat nie bestaan in vaste, rigiede lyne nie, maar wat in lyn lê met hul unieke persoonlikhede en behoeftes.

Die fokus van die gesin skuif weg van vaste struktuur en beweeg in die rigting van saampraat, saam bepaal en onderhandel oor wat vir hulle werk. Daar kom 'n gerigtheid op mekaar, oop interaksie en klem op 'n persoonlike verhouding. Die pa sal selfs in klein dingetjies sy

4

gesin in ag neem voordat hy die datums van sy sakereis vaspen. Die ma sal fleksietyd probeer werk om die kinders by te staan en te ondersteun. Hoe ouer die kinders raak, hoe meer kan hulle met hul ouers onderhandel oor dinge soos slaaptyd, uitgaan en uitbly.

Die rolle is nou nie meer vas nie, maar oop of swewend soos dit vir hulle situasie die beste werk. En hulle ondersteun mekaar wedersyds.

Alhoewel die man meestal die hoofbroodwinner bly, omdat die samelewingstrukture nog daarop ingestel is, begewe die vrou haar ook op die beroepsterrein. Haar identiteit word ook dáár gevorm en lê nie meer nét in die huwelik en gesin nie.

Omdat albei ouers nou na buite beweeg, moet die man hom ook op die tradisioneel vroulike terrein, dié van huishouding en sorg vir die kinders, begewe. Die pa is nie meer altyd ver van sy kinders soos in die ou bedeling nie, maar kom nader in die opbou van onderlinge verhoudinge.

Kommunikasie word nou noodwendig 'n noodsaaklike lewensaar. Om op mekaar ingestel te wees en oor elkeen se plek en taak te kan onderhandel, moet huweliksmaats openlik kan praat. Daar is nou nie meer net één wil wat geld nie, maar twee, en selfs meer – al het die ouers steeds die laaste sê en al is die kinders nie meer in alle opsigte ondergeskik aan hul ouers nie.

Die twee kante kan in verskillende rigtings trek. Daarom moet ons ook leer om nie bang te wees vir konflik nie, maar om dit reg te hanteer – iets waarvoor ons vroeër weggeskram en waarvan ons niks geleer het nie.

Die nuwe huwelik lei tot vryheid, iets wat in die tradisionele huwelik ontbreek het. Man en vrou word nie in rolle ingeforseer wat nie by hul aard en persoonlikheid pas nie. Reëls word nie afgedwing sonder dat hulle self inspraak in die bepaling daarvan het nie. Elke gesinslid word 'n medebouer aan die grondplan. Elkeen kom meer tot sy/haar reg en sy/haar eie aard kan na vore kom.

Dié nuwe vryheid impliseer egter ook verantwoordelikhede waarvoor ons nog steeds nie voldoende toegerus is nie, naamlik om meer openlik te kommunikeer en konflik as positief te sien en te hanteer. En hoe eerliker en openliker, hoe makliker bots ons!

Toets nou eers waar julle self vandaan kom en waar julle dink julle staan.

OEFENING 1

Individueel

Dink ernstig na oor jou gesin (of substituut-gesin) van herkoms.
Beantwoord die volgende vrae in jou oefeningboek.

1. Is of was dit oorwegend 'n tradisionele of 'n vennootskap-
   verhouding?
2. In watter opsigte neig dit meer na die ou model of na die
   nuwe model?
3. Waarin dink jy sou jy graag anders wou wees? Noem
   konkrete dinge.
4. Wat is jou eie prentjie (persepsie) van 'n huwelik?

Julle twee saam

Bespreek julle antwoorde op die vrae hier bo met
mekaar.
    Laat die een eers oor sy/haar ouerhuis/substituut-ouerhuis
praat, terwyl die ander een luister. Ruil daarna om.
In watter mate stem jul ouerhuise ooreen en hoe verskil hulle?

Opmerking

Ek begin doelbewus eers by jul ouerhuise omdat jy jou eie ver-
wagtings van die huwelik en dié van jou maat nie daarvan kan
losmaak nie. Rolvoorskrifte lê diep ingegraveer en wat jy dink en
glo (jou prentjie wat jy vorm), kan heeltemal verskil van hoe jy
in werklikheid gaan optree.

DIE BELANGRIKSTE AANPASSINGSTERREINE

❤ Demokrasie – man en vrou staan teenoor mekaar.
❤ Swewende rolverdeling.
❤ Oop kommunikasie en die hantering van verskille en botsings.

DEMOKRASIE

Waar die vrou in die ou bedeling meer die onderdanige rol gespeel en haar man se gesag aanvaar en gebou het, is sy nou 'n persoon met eie gesag. Sy kom staan langs hom en teenoor hom. Haar manier van doen, haar sienswyses en behoeftes is net so geldig en belangrik as syne. Hy moet, soos sy in die verlede, na haar luister en gevoelig wees vir haar siening en persepsie.

Albei neem leiding in die alledaagse saamwees en die man loop nie meer konstant alleen voor nie. Soos twee fietsryers wat die beste tyd probeer opstel, wissel hulle mekaar voortdurend af, sodat die voorste ryer nie alleen al die wind en weerstand hoef te trotseer nie. Wie die leiding neem, kan nog steeds verband hou met sekere afgebakende gebiede, maar dit kan ook bepaal word deur elkeen se unieke persoonlikheid en gebiede waar hy/sy sterker as die ander een kan opereer. As die vrou byvoorbeeld sterker geanker is in haar geloof, kan sy die leier op godsdienstige gebied wees. As sy gemakliker in menslike interaksies en verhoudings funksioneer, kan sy haar mag sterker laat geld in 'n sosiale konteks. Sy en haar man kan ook oor dieselfde saak verskillende sienings en persepsies hê.

Die man dra ook nie meer alleen die verantwoordelikheid vir al die besluite nie. Man en vrou neem dit in oorleg met mekaar. As hulle in verskillende rigtings begin trek, het die man nie meer die laaste sê nie, maar is hulle aangewese op kompromieë. Hulle kan mekaar ook ruimte gee om te verskil. (In hoofstuk 6 sal ons in meer detail hieroor gesels.)

Die Bybel en die vennootskapsverhouding

Mag die hedendaagse vrou haar daarop beroep dat sy net so "sterk" soos haar man is en net soveel bedingingsmag as hy het? Dat sy sy gelyke is?

Daar is mense wat beswaar maak hierteen omdat die Bybel die vrou herhaaldelik aansê om onderdanig te wees aan haar man. Die gedeelte waarin hierdie saak die breedvoerigste behandel word, is Efesiërs 5:22-32. Daar staan in vers 22: "Vrouens, wees aan julle mans onderdanig ..."

Om dié gedeelte reg te verstaan, moet ons vier faktore in gedagte hou:

♥ In vers 21 word álle Christene opgeroep om *aan mekaar* onderdanig te wees.

♥ Die opdrag aan die man in vers 25 is nie om oor sy vrou te heers nie, maar om haar *lief te hê*.

♥ Die aard van die Christelike liefde is dat dit *'n dienende liefde* is. Mans word gebied om hul vroue lief te hê soos wat Christus sy kinders liefhet – Hy wat sy lewe vir ons afgelê het!

♥ Die Bybel is geen wetboek nie, maar die boodskap van God wat vir ons in dié lewe die rigting aanwys.

Om te verstaan watter rigting die Bybel vir die huwelik aanwys, moet ons dit teen die regte agtergrond lees. In die Joodse samelewing is vroue nie toegelaat om in die openbaar met mans te meng nie. Jesus het egter 'n hoër waarde aan die vrou toegeken en etlike vroue in die openbaar in sy kring van volgelinge ingesluit.

In Paulus se dae het mans in die algemeen oor hul vroue geheers, maar deur die Christelike liefde as 'n dienende liefde te beklemtoon, skep hy vir die vrou meer ruimte tot selfbeskikking in die huwelik.

Dit is duidelik watter rigting die Bybel in ons huidige huweliksituasie aandui. Die vrou het in hierdie eeu "mondig" geword, en hoewel mans nie meer moet probeer om oor die vroue te heers nie, mag vroue ook nie probeer om oor die mans te heers nie.

Prakties beteken dit

♥ dat albei se behoeftes en belange ewe swaar weeg – dat een nie wen ten koste van die ander nie;

♥ dat die man vir die vrou ruimte moet gee om haar leierskap uit te leef op die gebiede waar sy sterk is (elkeen moet in 'n bepaalde omstandigheid kan lei of volg);

♥ dat al twee saam besluit – die man het nie altyd die laaste sê nie (kompromieë word meer algemeen), en

♥ dat elkeen die geluk, welsyn en groei van die ander een moet bevorder deur mekaar te dien en lief te hê. Elkeen moet die beste en mooiste in die ander na vore bring.

Praktiese voorbeelde van verwarring

♥ 'n "Tradisionele" pa bring spanning in sy dogter se gesonde, oop verhouding met 'n jong man omdat hy oortuig is dat die man nie "sterk" genoeg sal wees as 'n huweliksmaat vir haar nie. Hy neem nie genoeg leiding nie.

♥ 'n Vrou verwag van haar man om 'n belangrike besluit namens haar te neem, terwyl die besluit haar meer raak as vir hom. As hy haar die vryheid van keuse en eie verantwoordelikheid wil gee, huiwer sy dikwels en mag sy hom as "slap" ervaar.

❤ Die man bly laat uit, sonder om sy vrou te bel en neem goed bedoelde besluite (wat haar ook raak!) sonder om haar persoonlik te raadpleeg.

❤ 'n Jong vrou behaal vinniger beroepsukses as haar man en verdien ook meer geld. Dit is vir hom moeilik om haar sukses te aanvaar en hy dring daarop aan dat hulle met 'n gesin begin. In ander gevalle breek die man die vrou subtiel af omdat dit vir hom moeilik is om haar "mindere" te wees.

❤ 'n Jong man en vrou is albei akademies hoog gekwalifiseer en albei doen aansoek om 'n werk. Sy kry 'n uitstekende mediese pos in Johannesburg en hy 'n goeie ingenieurspos op Warmbad. Dit is nie vanselfsprekend dat hulle hulle op Warmbad gaan vestig nie. Hulle moet demokraties daaroor besluit.

OEFENING 2

Individueel

1. Hoe voel jy oor gedeelde leierskap in die huwelik? Het 'n bootjie nie altyd net een stuurman nie?
2. Waar, op watter konkrete gebiede, wil jy graag hê moet jou maat die leiding neem? En waar beslis nie?

Julle twee saam

Deel jul antwoorde met mekaar.

SWEWENDE ROLVERDELING

'n Rol is 'n voorskrif vir gedrag in 'n sekere posisie of situasie. Die geslagsrol bepaal watter gedrag van die man en watter gedrag van die vrou verwag word. Die ou, vaste rolvoorskrifte wat eeue lank gegeld het, lê nog steeds diep in die man en vrou ingegraveer en om weg te beweeg daarvan is pynlik en gaan meestal met baie skuldgevoelens gepaard.

Baie mense voel dus steeds "verplig" om aan die voorgeskrewe verwagtinge te voldoen. Neem as voorbeeld die vrou wat 'n bekwame beroepsvrou is, maar net so 'n goeie vrou en ma. Sy is geneig om innerlik skuldig te voel en teenkanting van buite te kry omdat haar lewenswyse in teenstelling is met die tradisionele opvatting dat 'n vrou se plek in haar huis by haar kinders is. Die feit dat sy ook hunker na vervulling, word maklik as selfsugtig afgemaak – 'n goeie rede om skuldig te voel.

'n Ander voorbeeld is dié van die man wat voltyds studeer. Sy vrou is gevolglik die broodwinner. Hy voel gedurig skuldig en "swak" omdat hy nie die geld verdien nie. Dit is mos die aanvaarbare norm vir die man om die broodwinner te wees en die verantwoordelikheid vir die huis te neem, al is sy vrou meer as gewillig om dit te doen.

Die vryer en oper rolle raak veral die volgende:

❤ die broodwinner-rol;
❤ die tuisteskepper- en opvoeder-rol, en
❤ die emosionele rol.

Die broodwinner-rol

In die meeste gevalle in ons land is die man nog steeds die primêre broodwinner. Dit is egter besig om te verander en vroue vorm 'n al hoe groter deel van die arbeidsmag. Die vrou van vandag word nie slegs gedryf deur ekonomiese faktore nie, maar ook om 'n eie identiteit in 'n beroep te vind. Al meer vroue streef na ekstra stimulusse en vervulling omdat aktiewe moederskap slegs 'n tydperk van hul lewenspan inneem.

Die vrou se finansiële sekuriteit begin al meer in haarself setel en nie meer in haar man nie, met duidelike gevolge. Sy begin ook presteer en erkenning kry en verdien 'n groter inkomste. Geld gee bedingingsmag, groter selfstandigheid en onafhanklikheid. Al dié dinge is dikwels bedreigend vir die man. Sommige mans kompenseer hiervoor deur nóg beter te probeer presteer, sy vrou se beroep as minderwaardig af te maak of selfs haar werk buite die huis sterk af te keur, met 'n appèl om tuis te bly. Vroue laat vandag hulself geld en is glad nie meer so bang om uit die huwelik te stap as daar op hulle getrap word en hulle as mens nie tot hul reg kom nie en dus in hul groei gestrem word.

Aan die ander kant kan man en vrou mekaar vanuit hul onderskeie beroepswêrelde verryk. Die man hoef nie meer bang te wees om sekere beroepspanninge met sy vrou te deel nie. Hy hoef haar nie meer teen sulke dinge te beskerm nie. Sy sal dit verstaan. Die vrou, weer, kan uit 'n ryker ervaringsveld toetree en met haar man op dieselfde vlak kommunikeer. Die man kan verlig voel omdat hy nie al die finansiële laste van die huis alleen hoef te dra nie, maar konkrete ondersteuning van sy vrou kry. Die vrou voel weer bevredig om finansieel ook 'n bydrae te kan maak en minder afhanklik te voel.

Dit bly egter belangrik vir man en vrou om helder en duidelik met mekaar te kommunikeer oor hoe hulle hul geldsake gaan uitwerk: my of jou geld; ons geld; wie vir wat verantwoordelik is; hoe hulle die geld saam wil spandeer. As gevolg van die ou bedeling voel baie vroue nog dat haar geld eintlik "ekstra" sakgeld is. Konflik oor geld en geldverwante sake is 'n rede waarom die liefde vir baie pare by die agterdeur uitloop.

Hoe wil julle dit graag in julle verhouding hê?

Die tuisteskepper- en opvoeder-rol

Wanneer die vrou na buite beweeg en ook finansieel bydra en saamdra, ontstaan daar 'n vakuum in die rol na binne: Wie moet nou hierdie rol vervul?

Baie vroue probeer vanuit die ou rolvoorskrifte supervrou en superma speel en vul gevolglik 'n dubbele rol of meerdere rolle. Op die lang termyn kan sy dit egter nie volhou nie en raak oorlaai, te moeg, iesegrimmig omdat die man soms lekker kan ontspan en sy aan die draf moet bly. Die gevolg is huwelikspanning en konflik.

Ander vroue verwag weer dat die man haar swaar las moet raaksien en haar moet help. Maar mans is in die algemeen nie ingestel op en voel nog nie verantwoordelik vir die huishouding nie. Ander vroue is weer te bang om te vra of enige eise hieroor te stel, want sy voel maklik skuldig en is bang dat haar man haar as ontoereikend sal ervaar.

Tog is dit die man (soms saam met huishoudelike hulp) wat meer na binne moet beweeg om 'n gesonde balans te skep. Sommige jong mans raak al hoe meer vertroud met kosmaak, wasgoed was en kinders rondry. Ander vind dit moeilik om ná 'n vermoeiende dag se werk hierdie sprong te maak. Maar sy vrou kom ongelukkig óók moeg van haar werk af.

Verwarring en probleme ontstaan wanneer ons vanuit ons agtergrond een ding verwag, maar ons praktiese omstandighede (waar albei huweliksmaats werk!) ander dinge vra.

Kom ons kyk na die voorbeeld van Christo en Sandra.

Christo, 'n man met baie tradisionele opvattings, trou met Susan, 'n ywerige beroepsvrou. Hy weet dat haar beroep eise aan haar gaan stel, maar dink nooit na oor die praktiese invloed daarvan op hul huishouding nie.

Wanneer sy saans ná hom by die huis kom, is dit al klaar vir hom moeilik, maar wanneer sy dan boonop 'n kitsmaaltyd voor hom neersit, voel hy éérs omgesukkel. Aanvanklik bly hy stil, maar later sien hy dit is nie net die etes nie, maar ook sy wasgoed wat afgeskeep word. Én die huis is nie meer so netjies nie. Hy besef nie dat Susan eenvoudig nie by alles kan uitkom nie en dit dring nie tot hom deur dat hy haar dalk kan en moet help nie. Sy pa het dit nie gedoen nie en buitendien, dit is mos waarvoor die vrou daar is. Die wrewel begin opbou en hy besluit om te praat.

Maar voordat Christo iets kan sê, bars daar van Susan se kant af 'n bom: "Ek is nou siek en sat daarvan om jou huisslaaf te wees terwyl jy soos 'n *lord* voor die televisie sit en ontspan. Dink jy alles in ons huis is net daar om jóú te pas? In my ouerhuis het my pa my ma darem in die kombuis en met die wasgoed gehelp, maar jy dink seker jy is te belangrik om so iets te doen."

As huweliksmaats moet ons mekaar help om in elke situasie, ook soos dinge telkens verander, ons eie rolle uit te werk en duidelik te omlyn. Ons unieke verhouding en omstandighede moet 'n eie stempel afdruk op ons rolle. Daar is nie meer spesifiek manlike en vroulike take nie. Waarom mag 'n vrou nie die tegniese probleme in die huis hanteer of die gras sny en die man weer die kook- en bakwerk doen nie?

Werkverdeling in die huis
Omdat die vrou na buite en op wyer lewensterreine beweeg, moet aanpassings na binne ook gemaak word. Die vrou mag vra en verwag dat die man groter verantwoordelikhede met betrekking tot die huishouding en die kinders moet dra. Die man kan weer verwag dat sy vrou sekere "manlike" take sal oorneem. 'n Paartjie met wie ek al 'n lang pad saamgeloop het, was onlangs weer by my. Hulle het ook 'n intense stryd rondom die praktiese rolle beleef. Hy was uiters traag (nooit gewoond daaraan nie) om "vroulike" werk te doen, maar omdat hy sy vrou 'n suksesvolle beroepslewe gegun het, het hy ingesien dat hy

meer in die huis moes doen. Hy het later hul klein seuntjie gebad, soggens ontbyt gemaak en selfs die wasgoed begin doen. Hierdie samewerking het hul huwelik verryk en laat groei. Toe sy hom egter op 'n dag invlieg omdat haar motor in 'n baie swak toestand is en hy nie daarna omsien nie, was hy billik ontstoke.

Waarom? Hy het gemeen dat hy op "haar" terrein reeds vele aan-passings gemaak het, maar deur haar optrede het sy gewys dat sy nie geneë is om op "sy" terrein te beweeg nie. Die uiteinde van die saak was dat hy haar geleer het om gereeld die olie in haar motor te ver-vang. En sy het besluit dat "dit nogal uitdagend is – iets anders!"

Ons moet leer om op mekaar se terreine te beweeg sonder om bedreig te voel en ons moet die vermoë ontwikkel om in ons huise te eksperimenteer en te kyk wat vir ons die beste uitwerk – al sal dit nie maklik wees om weg te beweeg van ou patrone nie. As gevolg van die huidige verwarring, is dit vir elke paartjie belangrik om ooreen te kom oor 'n duidelike werkverdeling by die huis en hul eie rolle uit te werk.

Kom ons pak dié belangrike onderhandeling oor wie wat doen in ons eie huishouding sommer dadelik aan.

OEFENING 3

Individueel

Dink na oor die take wat jy graag wil hê jou maat in en om die huis moet doen en daarna ook oor wat jy self bereid is om te doen. Skryf dit in jou oefeningboek neer.

1. Wat ek graag self sal wil doen, is ... (noem konkrete werk of take).
2. Wat ek graag wil hê jy moet doen, is ... (noem konkrete werk of take).

Julle twee saam

Bespreek die werkverdeling in die huis so eerlik moontlik en wees billik in jul onderhandelinge.

Sorg dat julle betyds weet wat julle van mekaar verwag en ook wat elkeen se spesifieke take is.

Belangrike aspekte van werkverdeling

♥ Die werkverdeling moet duidelik uiteengesit word sodat albei weet wat om van mekaar te verwag en wat elkeen se verantwoordelikhede is. Duidelikheid bring gemaklikheid en ontspanning.

♥ Daar moet vryheid van keuse wees volgens elkeen se voorkeure.

♥ Take moet regverdig en billik verdeel word. Neem elkeen se werklading na buite in ag. As man en vrou voltyds werk en ewe belas is, moet elkeen 'n 50%-aandeel in die huishouding kry.

♥ Die verdeling moet soepel wees en tred hou met veranderende behoeftes en omstandighede.

♥ Die werkverdeling moet voortdurend geherevalueer en daarna opnuut gedefinieer word.

As man en vrou albei werk, moet hulle saam die verantwoordelikheid vir die huisbestuur en huishouding dra. Die een mag nie tot voordeel van die ander een oorlaai word nie. Ek weet van 'n jong paartjie wat die reëling het dat die een wat eerste by die huis kom solank begin kook. Hulle handel ook alle huishoudelike werk saam af voordat hulle begin ontspan. Daar is ook 'n ander egpaar waar die vrou haar afsloof, maar gedurig kla. En daar is 'n merkbare verskil in die gehalte van dié twee verhoudings!

Die emosionele rol

Ook op emosionele vlak beweeg ons weg van die ou verwagtinge.

♥ Die man wou in die verlede ondersteuning hê vir die kompeterende lewe waarin hy moes veg en oorleef. Die vrou moes die leer vashou waarteen hy kon uitklim. Vandag wil sy ook klim en het sy dit ook nodig om vasgehou te word.

♥ Die vrou, weer, het aanspraak gemaak op haar man se beskerming in moeilike situasies wat sy nie self kon hanteer nie. Mans is nog steeds geneig om te veel verantwoordelikheid vir die vrou te neem – so asof sy nie self in staat is om dit te doen nie. Ondersteuning en beskerming is wederkerige behoeftes en kan van die man óf die vrou gevra word.

💜 Die man moes onafhanklik wees, die vrou (die sagte een) meer afhanklik. Geaardhede en persoonlikhede verskil egter en sommige mense neig om meer afhanklik te wees as ander. Egpare kan mekaar hierin aanvul. In 'n gesonde verhouding moet jy jou eie mens wees en onafhanklik kan funksioneer, maar jy moet ook positief betrokke kan raak by die ander een en dus afhanklik kan wees.

💜 In die verlede en in groot mate vandag, word mans opgevoed om "sterk" te wees. Dit impliseer dat hy meer rasioneel en logies tot die wêreld en interaksies toetree. 'n Man hou dus sterker beheer oor sy emosies, sodat hy dikwels sy kwesbare en sagter kant verberg – 'n leemte en gemis in die intieme verhouding. Vroue voel as gevolg van die opvoeder-rol baie veiliger om hul emosies te ervaar en uit te spel. Vandag opereer vroue egter ook rasioneel en verstandig. En mans moet leer om hul broser kant, veral teenoor 'n huweliksmaat, te wys en moet probeer om nie altyd in beheer te wil wees nie. Baie mans voel egter onveilig en bedreig om dit te doen, met die gevolg dat die kommunikasie dikwels versteur word. Sy tree emosioneel toe en hy rasioneel – en 'n kortsluiting volg, soos ons later in 'n voorbeeld sal sien. Die mens is en bly 'n emosionele wese en vroue is (as ons wetenskaplikgewys gemiddeldes vergelyk) nie meer emosioneel as mans nie. Man en vrou moet ter wille van begrip vir die ander en ter wille van die diepte en groei in die verhouding mekaar ook op gevoelsvlak leer ontmoet.

OP PAD VORENTOE
Vir die van julle wat meer vervulling en uitdaging op die pad na môre soek, wil ek graag die volgende punte saamvat:

💜 Individue en ook pare moet oop en gewillig wees om uit die vaste voorskrifte van die verlede te beweeg. Hulle moet kan waag, eksperimenteer en nie bang wees om foute te maak nie. Ons kan regstel en verander.

💜 Die vrou mag "sterk" en meer selfgeldend optree en selfs leiding neem. Die man moet in hierdie opsig leer om minder bedreig te voel. Ons vul mekaar aan. Die een mag nooit oor die ander heers nie. Beheer moet afwisselend bly.

💜 Die vrou kan en mag wyer keuses maak. Sy mag haar identiteit ook soek in 'n beroep of in ander vervullende aktwiteite. Sy mag meer onafhanklik en selfstandig wees. Die man, weer, moenie sy hele lewe en identiteit net in sy beroep plaas nie, maar ook na binne beweeg, nader aan sy vrou en kinders, en die onderlinge verhoudings help opbou.

❤ Hierdie uitbeweeg van die vrou en die inbeweeg van die man beteken natuurlik ook dat hulle sal moet onderhandel oor hoe die verantwoordelikhede in die huis verdeel kan word. Waar die man deesdae meer bereid is om op die huishoudelike terrein te beweeg, moet die vrou minder huiwer om die man se terrein te betree.

❤ Ter wille van 'n stewige, oop kommunikasiekanaal moet die man leer om veiliger, meer tuis te wees op die gevoelsvlak. Hy moet oefen om sy gevoelens met groter vrymoedigheid te deel. Dit sal ook beteken dat hy sy weerlose en "swak" kant sal moet wys. Dit sal sy ware sterkte na vore bring. Daarmee saam moet hy ook oefen om sy vrou se gevoelens te hanteer sonder om bedreig te voel daardeur. Sy vra nie net raad en oplossings nie, maar wil hê dat haar gevoelens erken en verstaan sal word.

Die vrou, aan die ander kant, moet leer om haarself meer rasioneel en intellektueel te verwoord en nie net emosioneel optree nie.

Dit is belangrik dat die jong meisie haar rol in die huwelik reeds vir haar uitmaak vóór sy trou. Is sy beroepsgeoriënteerd? Wil sy net vrou en ma wees? Of wil sy haar beroep en haar rol as tuisteskepper kombineer? 'n Belangrike saak is ook waar haar prioriteite lê as sy met 'n gesin sou begin. As sy dít nie vir haarself en ook in die verhouding uitklaar nie, bring sy later vir die man maar ook in die verhouding ekstra belading en spanning.

Die jong man moet ook seker wees van wat hy in 'n huwelik en gesin wil inploeg.

Daarom is dit belangrik om jouself te verantwoord oor die rol wat jy self wil speel, maar ook wat jy van jou maat verwag.

OEFENING 4

Individueel

Nadat jy hierdie hoofstuk gelees het, beantwoord die volgende vrae eerlik vir jouself:

Vrou

- ♥ My belangrikste verwagting van die huwelik is ...
- ♥ My belangrikste verwagtinge van 'n man is ...
- ♥ Die rol wat ek self wil speel, is ...

Man

- ♥ My belangrikste verwagting van die huwelik is ...
- ♥ My belangrikste verwagtinge van 'n vrou is ...
- ♥ Die rol wat ek self wil speel, is ...

Julle twee saam

Deel jul antwoorde met mekaar.

Opmerking

Dit is belangrik om te weet wat elkeen se verwagtings en rol is. Botsings in verwagtings en onrealistiese verwagtings in terme van wie en wat jou maat is, bring baie pyn.
Kommunikeer gereeld jou verwagtings van jou maat.

Ouers/voogde het die basis gelê vir jou verwagtings van 'n huweliks-maat, jou lewensreëls en waardes – kortom, die program waarvolgens jy gaan leef en die lewe hanteer. Deur na hulle te kyk, sal jy insig kry in waarom die takke van jou lewensboom in bepaalde rigtings groei en wil beweeg, waarom jou gedrag is soos dit is en jou maat s'n weer anders.

HOOFSTUK 2

Verskillend geprogrammeer – die invloed van ons ouerhuis

Kinders word van kleins af aan duisende prikkels of stimuli van buite blootgestel. Dit is soos golwe wat oor hulle stroom en hulle probeer verswelg. Êrens moet die stimuli gesif, georganiseer en beheer word sodat die lewe meer hanteerbaar gemaak kan word.

Kinders kan dit nie self doen nie. Hulle sal byvoorbeeld 'n besige straat oorsteek om 'n bal te gaan haal of met vuurhoutjies speel as niemand hulle daarop wys dat dit gevaarlik is nie. Iemand moet hulle leer wat mag en wat mag nie; wat kan en wat kan nie; wat is aanvaarbaar en wat is onaanvaarbaar; wat is belangrik en wat is nie.

Kinders word deur hul ouers geleer hoe hulle moet lewe en die lewe en probleme moet hanteer. In rekenaartaal omgesit, kan ons sê: Ouers programmeer hul kinders.

Ouers rus hul kinders toe met sekere *scripts*. Die *script* is 'n lewensreël wat hulle gedrag in 'n groot mate bepaal en vaslê. Dit verklaar waarom hulle emosioneel reageer op sekere dinge en waarom hulle bepaalde persepsies vorm van mense en situasies.

Scripts bestaan uit:

❤ *Verwagtinge:* die gedrag wat jy in 'n sekere situasie van ander en jou lewensmaat vereis.

❤ *Reëls:* voorskrifte wat die moet en moenie, die kan en kan nie uitbeeld. Byvoorbeeld: Jy mag nooit met 'n ongelowige trou nie; "alles netjies en op hul plek"; praat as jy 'n probleem het.

❤ *Waardes:* voorskrifte wat meer subtiel oorgedra word deur woorde soos "goed" en "sleg", "waardevol" en "waardeloos". Dit is dié dinge waaraan waarde geheg word of nie. Byvoorbeeld: Jy moet jou medemens liefhê; werk is edel.

Scripts word bewustelik en onbewustelik, verbaal en nieverbaal en selfs deur verswyging aan ons oorgedra. Dit is soos saadjies wat wortelskiet en versprei. Daarom betrap ons onsself ná jare nog dat ons 'n ding net soos Ma of Pa doen – al wil ons nie! Hul invloed loop saam met ons die toekoms in en trap spore wat nie uitgewis word nie. Ouers is en bly ons belangrikste rolmodelle – veral in 'n naby verhouding.

Wanneer ons dus trou, kan ons ons wel fisiek van ons ouers distansieer en losmaak, maar die manier waarop ons geprogrammeer is om te reageer, kan nie met die druk van 'n knoppie verander word nie.

Kom ons kyk wat in die praktyk gebeur wanneer man en vrou, elkeen met sy/haar eie lewensvoorskrifte, trou.

DIE INVLOED VAN ONS PROGRAM OP ONS DAAGLIKSE INTERAKSIE

Kom ons kyk eers na 'n paar gevallestudies.

Leana het 'n dinamiese, sosiale en *outgoing* persoonlikheid. Sy kom uit 'n huis waar haar ma die dominante figuur is. Dit is vir Leana se ma heerlik om alles oor te neem: die organisasie van die huis, die reëlings by haar man se werk, die kinders se aktwiteite, ensovoorts. Sy is in beheer en haar man is meer in die agtergrond.

Leana is getroud met Willem, 'n sagte, teruggetrokke, taamlik passiewe mens. Hy kom uit 'n huis waar die pa die gesagsrol speel en as dominante figuur uitstaan.

Voor haar huwelik het Leana ook – soos haar ma – baie dinge aangepak, georganiseer en self gelei. Willem het daarvan gehou en dit het hom gepas toe hulle nog uitgegaan het. Vandat hulle egter getroud is, voel hy genoodsaak om die leisels in hul huwelik al hoe meer oor te neem – want so lui sy *script*. Waar hy vroeër ingeval het omdat Leana organisatories sterker is, het hy al meer aan Leana begin voorskryf hoe sy haar sake moet reël. Hy kritiseer die manier waarop sy dinge doen. Wanneer sy enigsins probeer om leiding te neem, ondersteun hy haar nie soos in die verlede nie. Toe hy egter begin besluite neem en haar subtiel uitskakel, was die gort behoorlik gaar!

Leana het opstandig begin raak en hom selfs getart. Haar voorskrif lui weer: 'n Vrou is vry om dinge op haar eie manier te doen en leiding te neem.

Willem kan haar opstandigheid en toenemende negatiewe gedrag teenoor hom glad nie verstaan nie en verseker haar telkens dat hy haar liefhet en haar net op die beste manier wil lei en beskerm. Sy leiding is egter in haar oë 'n soort "baasspeel" oor haar wat sy net nie kan verdra nie en wat sy op allerhande maniere wil teëwerk. Die een konflik op die ander het gevolg en die uiteinde was dat Leana seksueel koud begin word het en hulle hulp moes soek.

Is daar 'n verklaring vir Leana se koudheid?

Ja. Op 'n meer subtiele gebied soos die seksuele kan sy nog beheer uitoefen. Daar kan Willem haar nie aanraak nie. Die seksuele probleem is allermins die werklike probleem – dit is net 'n simptoom van die innerlike magstryd wat ondergronds aangaan.

Waarom ervaar hierdie paartjie probleme? Hulle is nie bewus genoeg van hul teenoorgestelde programmering nie.

Wat het hier gebeur? Leana het dit as vanselfsprekend aanvaar dat sy self beheer oor haar lewe sou kon uitoefen met 'n stil en sagte man soos Willem. Vir hom was dit glad nie so vanselfsprekend nie.

Dit het 'n hele paar sessies gekos om hulle meer begrip vir mekaar te laat kry. Willem het besef dat hy tog daarvan hou dat Leana sterk is en leiding kan neem, maar hy is steeds oortuig dat dit nie in 'n huwelik so hoort nie. Sy voorskrif het hom selfs gedryf om sy eie begeertes te onderdruk. Maar toe hy Leana meer ruimte begin gee het om ook leiding te neem, het haar seksuele koudheid begin afneem.

❤ ❤ ❤

In 'n soortgelyke geval van 'n paartjie met dieselfde agtergrondsverskille het dinge egter totaal anders uitgedraai. Die man het só sterk oor sy mag gevoel en so magteloos wanneer sy vrou haar "koppig" gehou het en dinge op haar manier wou doen, dat hy haar te lyf gegaan en soms sleg aangerand het. Dié huwelik het in die egskeidingshof geëindig.

❤ ❤ ❤

Anèl en Riaan het 'n ander probleem: 'n totale onvermoë om werklik met mekaar te kommunikeer. Anèl kom uit 'n ouerhuis waar gevoelens nie net vrylik uitgespreek is nie, maar ook uitgeleef is. Wanneer sy opgewonde is, soos by 'n sportwedstryd, gee sy haar oor aan die opwinding en gil en skreeu. Wanneer sy kwaad is, raas en blaas sy en val verwoestend aan. Sy leef haar intense gevoelens uit.

Hoewel Riaan voor die huwelik soms haar optrede gekritiseer het, het hy dit net as 'n "lastige gewoonte" beskou en nie besef hoe deel dit van haar is nie.

Riaan kom uit 'n beheerste huis waar hulle wel baie gepraat het, maar op 'n rasionele vlak. Gevoelens is op die agtergrond geskuif en 'n uiting daarvan is as steurend beleef en as swakheid afgemaak.

In die huwelik kan Anèl haar intense emosies nie goed inhou nie. Sy kan nie anders as om met haar menswees te reageer nie. Sy huil wanneer sy hartseer is, lag hard wanneer sy vrolik is, maar gil ook wanneer sy kwaad is. Haar optrede is vir Riaan só skokkend dat hy homself beskerm deur "doof" te raak vir haar ware gevoelens.

Op sy tipies rasionele manier kritiseer hy haar optrede koud en gevoelloos en beskou dit as onvolwasse en kinderagtig. Die fel kritiek en die seerkry waaraan sy haar blootstel, laat keer haar as ekspressiewe mens "na binne." Wanneer Riaan dan ná 'n tyd weer ewe liefies kom vra waarom sy so stil is, worstel sy nog met soveel seer dat sy haar moet inhou om nie weer te ontplof en dieselfde patroon van kritiek (hy) en terugtrekking (sy) te herhaal nie.

Die kommunikasie in dié verhouding het totaal tot stilstand gekom. Wat is die grondliggende oorsaak vir hierdie spanning, seer en boonop nog 'n kommunikasiegaping? Agtergrondverskille. Haar *script* lui: Leef jou gevoel uit. En syne sê: Leef beheersd.

In hoofstuk 4 sal ons weer na dié paartjie kyk om te sien in watter maalstrome hulle botsende *scripts* hulle laat beland het.

♥ ♥ ♥

Thea is 'n jong vrou wat met groot hartseer kom kla het dat haar man haar nie liefhet nie, dat hy haar nooit vasdruk of vertroetel nie en dat hy koud en afsydig is. "Ek wens soms dat 'n vreemde man my sommer net moet vasdruk," het sy radeloos gesê.

Toe ek dieper op die saak ingaan, was daar tog baie konkrete bewyse dat haar man haar wel liefhet, maar dat hy dit op sy eie, anderste manier oorgedra. Elke mens het immers sy/haar eie manier van liefde betoon.

Waarom voel Thea dan so "verstote?" Volgens haar lewensvoorskrif is liefde en vertroeteling sinoniem. Syne sê weer affeksie is nie so belangrik nie, konkrete bewyse van liefde is wel. Vir hom voel dit gedwonge om haar vas te druk wanneer sy daarvoor vra. Hy bied weerstand wanneer sy dit afdwing, want hy het nooit geleer om toegeneentheid te wys nie en voel ook dat dit nie so hoort nie. Dit het nog nooit tot hom deurgedring hoe afhanklik sy werklik van blyke van toegeneentheid is nie.

♥ ♥ ♥

Elaine se lewensvoorskrif lui dat familiebande 'n kosbare skakel is wat jy nooit mag losmaak nie. Daan, haar man, voel weer dat familie altyd geneig is om hul neuse in 'n mens se sake te steek. Dus bly hy op 'n afstand.

Elaine het gevolglik nie net die bande met haar familie versorg nie, sy het dit ook probeer verstewig. Sy het gebel, gaan kuier en familiebyeenkomste bygewoon, totdat Daan later gevoel het dié familiekuiery loop by sy ore uit.

Hy het hom stadig maar seker hieraan onttrek. Baiekeer moes Elaine alleen gaan kuier, wat nie net vir haar moeilik was nie, maar wat ook die skindertonge losgemaak het. Dít was olie op Daan se vuur. Hy het haar en die familie beskuldig dat hulle vals aantygings teen hom en sy huwelik maak en het later selfs van Elaine verwag om te kies tussen hom en die familie. Arme Elaine was in twee geskeur.

Dit was eers toe dié twee jongmense die impak van verskillende agtergronde begin verstaan het, dat hulle kon begin werk aan die probleem en oplossings kon soek. Verskille in agtergrond is immers een van die grootste oorsake vir konflik in 'n verhouding.

♥ ♥ ♥

Ons sluit af met 'n voorbeeld van botsings oor geld – die groot oorsaak van kwaad, ook in die huwelik.

Karlien het aanhoudend met Philip baklei omdat hy steeds met sy ou hemde en stok-ou skoene kantoor toe gaan. Sy het mag-teloos gevoel omdat sy hom net nie kon oorreed om nuwes aan te skaf nie. Die rede hiervoor was dat Philip grootgeword het in 'n huis waar hiérdie reël gegeld het: Koop net 'n nuwe wanneer die oue uitgedien is. Philip se pa het jare der jare lank met sy ou Volksie gery en sy klere is eers vervang wanneer dit verslete was.

Philip het van sy kant af ook groot spanning met Karlien beleef. Volgens sy oortuiging wil Karlien altyd net koop en koop. Hulle het

22

op 'n dag 'n groot rusie gehad omdat sy sommer nóg 'n paar skoene durf koop het terwyl daar reeds tien pare in haar kas was!

Die een kon die ander net nie verstaan nie. Min het hulle besef dat geld vir elkeen van hulle 'n ander waarde het en dat dit hul bestedingspatroon verskillend gemaak het.

Scripts vorm dus
- ❤ die dryfkrag agter ons gedrag en optrede;
- ❤ die basis vir ons emosionele reaksies op die gedrag van ander mense wat met ons s'n bots;
- ❤ die verwysingsraamwerk waardeur ons die wêreld, ander mense en ons lewensmaat sien en interpreteer. Dit is die subjektiewe bril waardeur ons na ander kyk en wat ook ons kommunikasie kleur. As jy byvoorbeeld spaarsamig is en jou maat gee maklik geld uit, beleef jy hom/haar as spandabelrig, al is dit objektief nie waar nie.

Is jy verbaas oor al die probleme? Ek hoop dit het jou geleer om ernstig en deurtastend na jou en jou maat se program uit jul eie ouerhuise te kyk.

'N KYKIE NA JOU EIE PROGRAM OF *SCRIPTS*

OEFENING 1

Individueel

Maak van dié oefening groot erns en gebruik dit as 'n verwysingsbron om telkens na terug te keer terwyl jy die volgende hoofstukke deurwerk.

Dié oefening kan baie van jou tyd verg. Ek beveel aan dat jy lank genoeg daaroor nadink. Maak aantekeninge oor jou belewenis as 'n kind in jou ouerhuis of substituut-huis, oor ál die aspekte ter sprake. Ouers verander wanneer kinders uitbeweeg.

Gebruik die leidrade om jou te stimuleer of dieper te laat nadink. Dit is onnodig om dit vraag vir vraag te beantwoord of dat jy by die vrae of selfs die aspekte onder bespreking bly. Dit gee vir jou 'n riglyn om na te dink.

1. Voorstelling van gesin

❤ Skets jou gesin van herkoms met behulp van 'n aantal sirkels. Elke sirkel verteenwoordig 'n lid van die gesin. Jy kan die sirkels gebruik soos jy dit verkies, jy kan dit trek en verbind soos jy wil.

❤ Skryf in elke sirkel die volgende:
- Die naam van die persoon.
- Sy/haar ouderdom.
- Die beroep/studie/taak waarmee hy/sy besig is.
- Gee aan elke persoon 'n gepaste etiket (*label*) – byvoorbeeld "rebel", "die goeie een", "die boekwurm", ensovoorts.

❤ Noem die sterkste positiewe eienskap van jou ouerhuis en daarna die sterkste negatiewe een.

❤ Wat was vir jou lekker en wat was swaar in jou ouerhuis?

❤ Is daar op die oomblik nog negatiewe gevoelens wat jy herhaaldelik teenoor jou ouers beleef?

2. Onderlinge verhoudinge in die gesin

2.1 Man-vrou-verhouding

❤ Sien jy jou ouers se huweliksverhouding as geslaag of nie? Motiveer hoekom jy so sê.

❤ Was die verhouding meer tradisioneel met jou pa as gesagsfiguur of soos 'n vennootskap met jou pa en ma as gelykes?

❤ Hoe was hul rolverdeling? Het jou ma gewerk of het sy al haar energie in die gesin gestort? Was jou pa ook konkreet betrokke by die huishoudelike take en versorging van die kinders? Was daar spanning rondom die rolle?

❤ Was die kommunikasie tussen hulle openlik of meer bedek?

❤ Is gevoelighede en konflikte uitgepraat of vermy?

❤ Wie het wie beheer? Wie was die "sterker" een? Was daar soms 'n magstryd?

❤ Hoe het jou ma en pa vir mekaar gewys dat hulle vir mekaar omgee? Watter rol het liggaamlike aanraking en kontak hier gespeel?

❤ Watter rol het die seksuele gespeel? Kon hulle oor seks praat?

♥ Wat het hulle saam gedoen? Wat het hulle apart gedoen? Het hulle aan mekaar vryheid en ruimte gegee?

2.2 Ouer-kind-verhouding

♥ Was jou ouers streng en is daar van die kinders verwag om binne sekere vaste lyne te beweeg, of was hulle vryer om te eksperimenteer?

♥ Hoe belangrik was die kinders vir hulle? Wat het jou ouers alles vir hulle gedoen? Hoe en waar was hulle betrokke?

♥ Wat was hul belangrikste verwagting van die kinders? (Om te presteer op sport- of akademise vlak, om hoë morele waardes te hê, om 'n goeie indruk op ander mense te maak, ensovoorts.)

♥ Het jou ouers 'n voorkeur-orde gehad? Was daar witbroodjies en swart skape? Waar het jy ingepas?

♥ Het jou ma en pa die naelstring met hul kinders geknip toe hulle as jong volwassenes wou uitbeweeg en dinge op hul eie manier wou doen?

2.3 Verhouding tussen die kinders onderling

♥ Hoe is die kinders gespasieer?

♥ Was die onderlinge band heg tussen hulle? Staan hulle saam, of is elkeen meer onafhanklik en apart?

♥ Aan wie was jy die naaste? Waarom?

♥ Met wie kon jy nie goed klaarkom nie? Waarom?

3. Kommunikasie en konflikhantering

♥ Was daar in die gesin as geheel 'n oop of meer bedekte kommunikasie?

♥ Het julle gevoelens gedeel of teruggehou?

♥ Wie het gevoelens gedeel en wie nie?

♥ Watter gevoelens is uitgespreek en gedeel? Watter nie?

♥ Mag julle *anger* (woede) gewys het?

♥ Hoe is konflik gesien en gehanteer?

♥ Het julle onderhandel oor praktiese oplossings vir verskille en probleme?

❤ Het die gesinslede gevoelig na mekaar geluister en mekaar se anderse gevoelens en behoeftes gerespekteer?

4. Lewenstyl

4.1 Georden/ongeorden
❤ Het die gesin hul aktiwiteite vooraf beplan of meer impulsief opgetree?
❤ Hoeveel roetine was daar in die huis?
❤ Hoe belangrik was netheid en alles op die regte plek?

4.2 Sosiaal
❤ Leef jou ouers meer na binne of na buite? Was een ouer meer sosiaal as die ander?
❤ Wat was hul voorkeur – familie, enkele intieme vriende of 'n wyer vriendekring?
❤ Het hulle alleen of saam met vriende uitgegaan en vakansie gehou?

4.3 Godsdiens en kerklike betrokkenheid
❤ Watter rol speel geloof en kerklike inskakeling by jou ouers?
❤ Het hulle hul geloof prakties uitgeleef?
❤ Watter sterk waardes en houdings is aan die kinders oorgedra?

5. Geldsake

❤ Wie het die verantwoordelikheid gedra vir die finansiële versorging van die gesin?
❤ Wie het die meeste mag oor die geld gehad? (Indien dit jou pa was, was jou ma gemaklik daarmee?)
❤ Was jou ma en pa se geld apart en geskei sodat dit "my geld" en "jou geld" was, of was dit meer gesamentlik "ons geld"?
❤ Wat was hul koop- en bestedingspatrone? (Het hulle bv gemaklik geld uitgegee, of het hulle dit vasgehou; het hulle eers gespaar en dan gekoop, of het hulle skuld gemaak?)
❤ Hoe belangrik was dit vir jou ouers om mooi en duursame besittings te hê? Was hulle materialisties?

♥ Het hulle geld gegee vir liefdadigheid?

6. *Ander*

♥ Is daar enige opvallende saak wat jou gesin van ander onderskei?
♥ Enige interessante familie-ritueel?
♥ Hoe word spesiale dae – 'n verjaarsdag, Kersdag, 'n trou-dagherdenking – gevier?

OEFENING 2

Julle twee saam

1. Deel jul antwoorde met mekaar en luister na jou maat se belewenis. Moenie beoordelings maak nie – onthou, dit is gevoelige sake.
2. In watter opsig verstaan jy jou maat nou beter?
3. Watter verskille sien julle raak tussen jul ouerhuise?
4. Hoe raak hierdie verskille jul eie verhouding?

Opmerking

Wanneer jy meer van jou eie en jou maat se gedrag verstaan, dra dit by tot groter begrip.

REAKSIES OP DIE *SCRIPTS* UIT JOU OUERHUIS

Jy kan op een van die volgende maniere reageer op die *scripts* uit jou ouerhuis:

♥ Jy neem die *scripts* onbewus/bewustelik oor omdat dit vir jou goed werk of reg voel. Dit is in harmonie met hoe jy jouself kan en wil sien. 'n Voorbeeld is: 'n Pa glo dat 'n man die totale finansiële ver-antwoordelikheid in die huwelik moet dra. Die seun neem dit net so oor en sien nie kans om te trou terwyl hy nog studeer nie. Al is sy verloofde bereid om tydelik die broodwinner te wees, wys hy dit van die hand en stel die troue uit. 'n Ma voel baie sterk dat dinge in die huishouding goed georganiseer en netjies moet wees. Die dogter voel ook so, maar kry dit nie volkome reg nie. Sy voel gedurig skuldig omdat haar beroep so baie van haar tyd in beslag neem dat alles tuis deurmekaar en slordig raak. Sy voel dat sy misluk en nie aan die eis van netheid voldoen nie.

♥ Jy kom in opstand teen jou ouers se *scripts*. 'n Voorbeeld is: Dorette is 'n opstandige meisie. Haar ouers is altyd haastig en lewe teen 'n vinnige tempo. Sy oorreageer deur uiters rustig te lewe en selfs passief te raak. Sy wil nie soos hulle wees nie en slaan die teenoorgestelde rigting in. Sarel het as kind grootgeword in 'n huis met baie rusies en konflik. Die baie ongelukkigheid en hartseer wat hy ervaar het, lei daartoe dat hy besluit het om liewer nooit te baklei nie. Om die *scripts* van jou ouerhuis te verwerp of daarvan weg te beweeg, is ook nie sonder probleme nie. Soms moet 'n mens lank worstel om 'n veranderde of nuwe voorskrif jou eie te maak. Dit kan andersoortige probleme oplewer. In Dorette se geval kan haar passiwiteit daartoe lei dat sy baie treine verpas – lewenskanse by haar laat verbygaan. Sarel, weer, vermy konflik met ander negatiewe gevolge.

♥ Jy wil nie soos jou ouers optree nie, maar ontdek met pyn dat jy dit onwillekeurig net so doen en hul *script* herhaal. 'n Voorbeeld: 'n Dogter het in haar verlede haar ma herhaaldelik aangevat dat sy te bepalend is. In haar eie huwelik swaai sy onbewus ook die septer. Ouers se voorskrifte kan ook konflik binne-in die individu veroorsaak. Martiens voel enersyds dat hy nie mag kwaad word nie – sy ouers het hom so geleer. Andersyds voel hy dit is goed om kwaad te word en aan sy woede uiting te gee – die werklikheid gee hom hierdie insig. Die botsende gevoelens in homself lei tot ambivalensie – gelyktydig teenwoordige gevoelens wat in twee verskillende rigtings trek. Hy wil kwaad word maar hy mag nie; hy is kwaad maar hy mag dit nie wys nie en hy wil uiting gee daaraan. Ambivalensie maak gedrag oneindig gekompliseerd – vir homself, maar ook vir sy maat.

SCRIPTS IS NIE ABSOLUTES NIE

Daar is nie regte of verkeerde *scripts* nie. Wat vir jou reg is en vir jou goed werk, moet jou maat respekteer – ook al hou hy/sy nie daarvan nie en al voel dit vir hom/haar skeef!

Een *script* is ook nie negatief en 'n ander positief nie. Alle *scripts* het positiewe en negatiewe kante. 'n Selfgelding-*script* help 'n mens om gemakliker deur die lewe te gaan, op jou regte en opinies te staan en jou behoeftes duidelik te stel. Aan die negatiewe kant kan dit egter tot onsensitiwiteit teenoor ander lei. Jy kan maklik oor ander loop.

MEERDERE INVLOED UIT ONS OUERHUISE

Daar is nóg kragte wat 'n sterk impak het op ons huweliksverhouding wat nie binne die bestek van hierdie boek val nie, maar wat ek tog wil noem en waarvan ek julle bewus wil maak.

💜 Ouers dra bepaalde pyn aan hul kinders oor.

💜 Ouers kan bly vashou.

PYN

Ons ouerhuis is die eerste ervaring in intieme verhoudings. Al bedoel ouers dit hóé goed, het hulle tekortkominge en gebreke en maak hulle foute. Dit veroorsaak soms diep pyn waarvoor 'n kind nie net oorsensitief is nie, maar wat weer oorgedra kan word na 'n volgende intieme band.

Een kind word byvoorbeeld nie gehoor nie, 'n ander kreatiewe een word met streng reëls ingehok en kan hom-/haarself nie uitleef nie, nog 'n ander word aan 'n voortdurende bakleiery in 'n swak huwelik blootgestel. Hoe reflekteer dit in 'n mens se lewe?

As die vrou wat nie deur haar ouers gehoor is nie weer eens ervaar dat haar lewensmaat "doof" is vir haar persepsies of behoeftes of dat haar stem nie tel nie, kan sy baie sterk emosioneel reageer en nie sy óf hy verstaan waarom dit so heftig en intens is nie. Wat hier gebeur, is dat haar lewensmaat onbewus die pyne uit haar kinderjare oproep en aktiveer. Sonder dat hy dit weet, staan hy weer as "ouer" teenoor haar en herhaal dieselfde seer en pyn. In die sielkunde noem hulle dit die verskynsel-oordrag.

Dieselfde kan gebeur wanneer die kreatiewe kind gedemp of beperk word. Iemand wat met aanhoudende rusies grootgeword het, kan weer so oorsensitief wees vir enige negatiewe gevoelens in die interaksie, dat hy/sy 'n onvermoë ontwikkel om dit positief te hanteer. En wat hy/sy gevrees het, gebeur... Sy/haar eie negatiewe gevoelens raak nie net versterk nie, maar die verlede van 'n swak verhouding herhaal homself.

Geskiedenis is geneig om homself te herhaal: 'n Kind verag die teregwysende pa en soek konstant goedkeuring en erkenning. Sonder dat hy dit besef, trou hy met 'n vrou wat hom ook voortdurend teregwys. En weer, met pyn, moet hy die broodnodige erkenning ontbeer. Hierdie wonde op 'n dieper vlak is die terrein van die terapeut. Ons almal bring bagasie in 'n huwelik in en dit is dikwels nodig dat 'n professionele persoon ons help om onsself beter te verstaan. Terapeute versag die rimpels en letsels en begelei ons om gesonder in ons interaksie te funksioneer.

Ek glo dat in vandag se gekompliseerde en gejaagde lewe, 'n huwelikspaar konstant begeleiding nodig het vir die opbou van 'n gesonde verhouding. Ek moedig egpare aan om elke jaar vir 'n sessie te kom – en baie doen dit!

OUERS WAT BLY VASHOU

Sommige ouers, ma's en/of pa's, belê soveel van hulself in hul kinders of vorm so 'n intiem bindende band dat hulle nie hul kinders kan laat gaan nie. Wanneer kinders volwassenes word, laat die ouers hulle nie toe om op hul eie bene te staan nie. Die naelstring word (emosioneel) nooit geknip nie.

Sonder dat ouers dit negatief bedoel, of selfs onbewustelik, behou hulle steeds op subtiele maniere 'n houvas op hul kinders. Hulle bly die kind se denke, gedrag en keuses te sterk bepaal.

Die subtiele manier om dit te bereik, bestaan veral daarin dat hulle die kind skuldig laat voel wanneer hy/sy afwyk van dít wat hulle hom/haar geleer het; wanneer hy/sy te veel in die rigting van sy/haar maat trek en self minder sentraal staan; wanneer hy/sy keuses maak wat die ouers nie aanstaan nie; wanneer hy/sy te min kom kuier, ensovoorts.

Sonder dat die kind dit besef, wil hy/sy sy/haar "skuld vereffen" deur sy/haar ouers tevrede te stel en beperk daardeur sy/haar eie vrye keuse en beweging. Gewoonlik sien die skoonkind hierdie manipulasie eerste raak – die begin van skoonouerprobleme – en raak moeilik. 'n Rooi lig in enige huwelik.

Die ouers bly te veel verantwoordelikheid neem vir hul kind en sien hom/haar nie as mens in eie reg met unieke lewensopvattings en gedrag nie.

Die huwelik is die primêre verhouding waarin twee mense hul nuwe intimiteit en behoefte-bevrediging moet beleef. Man en vrou se eerste verantwoordelikheid en lojaliteit in hul verhouding lê duidelik by mekaar. Reeds in Genesis 2:24 word daar van verlating gepraat.

Hierdie "vrylating" is egter nie so eenvoudig nie: Waar 'n hegte intieme band moet verander, is twee partye betrokke. Dikwels wil die kind losmaak, maar die ouers hou vas. Dit beteken dat die kind verskeur raak tussen sy/haar ouers aan die een kant en sy/haar lewens-maat aan die ander kant. En dít is nie so 'n eenvoudige saak om op te klaar nie! Die ideaal bly dat die ouers hul kinders die vryheid moet gee om uit die ouernes te vlieg – dan sal hulle vrywillig weer besoek aflê. Gebeur dit nie, moet die kind ter wille van sy huweliksmaat die bande afsny, met ondraagbare gevolge en pyn. Om van jou wortels af te sny het 'n mens hulp nodig.

Jul ouerhuis en program loop saam met julle die toekoms in. Dit sal altyd 'n kragtige invloed uitoefen op jul gedrag en interaksie met mekaar.

Die "bymekaargooi" van twee verskillende stelle *scripts* in 'n nabye verhouding maak diep gevoelens wakker. Emosies en hul werking – ook hul onderliggende rol in die kommunikasieproses – kom in hoofstuk 3 aan die orde.

HOOFSTUK 3
Skaaf en skuur — die rol van ons emosies

ONS REAGEER OP MEKAAR

In 'n huwelik kom twee mense bymekaar uit totaal verskillende agtergronde met uiteenlopende programme. En dié programme sinchroniseer nie sommer so maklik en gemaklik nie.

Die een huweliksmaat is byvoorbeeld ge*script* om sy lewe te beplan en te orden, en die ander een vat dit soos dit kom (tree dus meer impulsief op). Nog een praat as sy 'n probleem het, terwyl haar maat geleer is om sake self uit te sorteer. 'n Ander een is geleer om aktief te wees, om te leef, terwyl sy maat weer gewoond geraak het daaraan om die lewe rustig en kalm te benader.

Hierdie teenoorgestelde programme lê diep en kan nie met die druk van 'n rekenaarknoppie verander word nie. Mense is immers nie masjiene nie. Hulle is emosionele wesens wat met gevoelens op mekaar reageer. Wanneer die vrou byvoorbeeld die geordende persoon is en haar man haar ritmes aanhoudend versteur met sy meer impulsiewe optrede en gedrag, gaan dit haar bedreig en ongemaklik laat voel. Wanneer die vrou maklik praat en die man kruip in sy dop, gaan sy magteloos of selfs uitgesluit voel. Wanneer die man 'n vinnige, haastige mens is en die vrou doen alles teen 'n stadige tempo, gaan hy gefrustreerd en geïrriteerd raak.

In 'n naby verhouding en wanneer twee mense saamleef, ervaar hulle dus noodwendig gevoelens, ook negatiewe gevoelens, teenoor mekaar. Mense kan vergelyk word met twee elemente wat verskillend is, te na aan mekaar kom, gevolglik teen mekaar skuur en "hitte" vrystel.

Hierdie "hitte"-emosies word vrygestel, nie omdat jou maat iets verkeerds doen nie, maar omdat jou gedrag en syne/hare nie in harmonie met mekaar is nie. Jy het die reg om georden te wees as dit jou lewenstyl is, en jou maat het die reg om meer impulsief te wees. Jy het die reg om aktief te wees en hy/sy weer rustiger. Die een se *script* is nie verkeerd nie, beter of slegter nie – hulle bots net met mekaar. Dít is waaroor konflik gaan en waarop ons in hoofstuk 6 sal terugkom. Nou eers meer oor ons gevoelens.

GEVOELENS – DIE HART VAN ONS BINNESTE

Net soos ons persepsies, ons gedagtes en ons behoeftes, vorm gevoelens deel van ons verborge wêreld, naamlik ons binnewêreld. Gevoelens is die hart van daardie binneste. Carl Rogers, een van die bekendste psigoloë van ons tyd, noem dit die kern van ons ware self. Emosies, al is ons nie daarvan bewus nie, is altyd teenwoordig: Hulle is wesenlik deel van ons en beïnvloed ons daaglikse handel en wandel. En soos ons meer van die lewe ervaar, bring dit nuwe emosies na vore.

Gevoelens gee kleur aan die alledaagse bestaan. Dit voorkom dat ons meganies en monotoon, soos robotte, funksioneer. Dit laat ons die diepte van menswees in al sy skakerings beleef. Dit laat elke mens op 'n unieke manier na die lewe kyk – dit gee aan elkeen 'n eie ervaring van ander mense en gebeure; 'n eie reaksie en optrede.

Die manier waarop elke mens sy/haar emosies beleef en daarmee saamleef, is ook uniek. Die een mens is meer intens as die ander. Een se emosies is meer gelykmatig, terwyl die ander s'n in hoë en lae golwe vloei. Die een huweliksmaat leef en reageer eerstens emosioneel, terwyl die ander meer op die rasionele terugval. En dít maak ons interaksie geensins makliker nie.

Gevoelens word van binne uit ervaar, maar vind altyd uitdrukking in en deur die liggaam – al probeer ons dit wegsteek. Wanneer jy byvoorbeeld gespanne is, sweet jy; wanneer jy opgewonde is, praat jy vinniger; wanneer jy kwaad is, styg jou stemtoon, en wanneer jy bang is, wys dit in jou oë. Gevoelens praat altyd saam.

Gevoelens is die hart van menswees. As ons hulle nie aandurf nie, mis ons die mooiste in die lewe. Hulle is daar om ons te dien en betekenis en rykdom aan ons lewe te gee.

Baie mense is bang vir hul gevoelens, bang om dit te wys, want hulle weet nie wat die uitwerking daarvan gaan wees nie. Emosies wys ons kwesbaarheid en daarom kan ons seerkry. Gevoelens kan jou maat ook seermaak en daarom is dit vir baie belangrik om ordentlik te wees en ware gevoelens te verberg. Soms is pare só ordentlik met mekaar dat die verhouding leweloos en dood raak. As ons negatiewe gevoelens aanhoudend onderdruk, doen ons baie meer skade as wanneer ons dit op 'n gesonde manier laat saampraat en hanteer.

In die ou bedeling is ons geleer om ons emosies te onderdruk, veral die negatiewes. Kinders het nie die reg gehad om openlik te sê wanneer reëls hulle verkneg het of wanneer hulle gefrustreerd geraak het omdat hul eie behoeftes nie bevredig is nie. Daarom is ons as volwassenes nou nog bang om ons sê te sê.

Mans aan die een kant moes vanuit hul gesagsposisie sterk en in beheer van hul gevoelens wees – veral die kwesbares. Hulle moes rasioneel, logies en kompeterend optree.

Vroue aan die ander kant kon maar hul gevoelens wys. Sy is immers die "swak", meer emosionele een. 'n Meisie is van kleins af gekondisioneer dat sy maar mag huil en haar gevoelens wys. Dit is so lekker om 'n sagte bondeltjie te troos. Die seuntjie wat nét sulke intense gevoelens van pyn en hartseer beleef, moet hom egter inhou en sterk wees. Hy word geleer om enige uitinge van sy weerloosheid te vermy.

Vroue is nie werklik meer emosioneel as mans nie. Mans ervaar ewe veel emosies as vroue. Die verskil in emosionaliteit bestaan tussen mense onderling, nie tussen mans en vroue nie. Die verskil tussen man en vrou lê meer in die wyse waarop die geslagte gesosialiseer en gekondisioneer is. Vroue mag gevoelens wys en mans mag nie. Vroue spreek hul gevoelens dan ook makliker uit, terwyl mans sukkel. Laasgenoemde feit is deur navorsing bewys.

Emosies is egter deel van ons *make-up* en ook onderliggend aan alle kommunikasie. As ons nie bewus is daarvan nie, kan ons onsself en ons lewensmaats nie leer ken en verstaan nie.

Hoe meer in kontak ons met ons gevoelens is, hoe meer beheer het ons daaroor. Anders gebeur dit maklik dat ons emosies óns beheer!

Voordat ons dieper ingaan op bewuswording self, moet julle eers kyk hoe julle teenoor jul eie gevoelslewe staan en watter ervarings julle daarmee het.

Individueel

Voltooi die volgende in jou oefeningboek:

1. Is ek sterker ingestel op gevoelens, of op die rede?
2. Gevoelens is vir my ... (my houding teenoor gevoelens).
3. Gevoelens wat ek sterk beleef, is ... (Waarom beleef ek dit sterk?)
4. Gevoelens wat ek meestal onderdruk, is ... (Waarom onderdruk ek dit?)
5. Gevoelens wat ek moeilik deel, is ... (Waarom?)

Julle twee saam

Bespreek jul antwoorde openhartig met mekaar.

Die een gevoel wat die sterkste grondslag vorm vir jou verhouding met jou maat en ander, is jou gevoel oor jouself.

Wat is jou selfwaarde?

Voel jy positief en ag jy jouself van waarde, sal jy met selfvertroue, maar ook met respek teenoor ander en hul gevoelens optree. Jy sal ook in staat wees om verantwoordelikheid te neem vir jou gevoel en gedrag en nie ander aanspreeklik hou vir jou swak optrede of foute nie.

Voel jy egter negatief oor jouself, behandel jy die mense rondom jou ook negatief. Jy sal maklik maskers voorhou om jou ware self te verberg, dalk instemmend (*pleasing*) reageer om aanvaar te voel, of ander kritiseer en afkraak om jouself onbewustelik bo hulle te verhef. Jy sal maklik die ander verantwoordelik maak vir foute en tekortkominge.

Wanneer jy goed voel oor jouself, het jy 'n goeie selfbeeld. Dit impliseer dat jy vrede gemaak het met wie jy is en ook met die dinge wat jy nie kan verander nie.

Aan die ander kant kry ons mense wat voortdurend negatief oor hulself voel. Hulle is basies ontevrede met hulself en het 'n swak selfbeeld. Hulle het ook nie sekerheid oor hul waarde as mens nie en voel klein en minderwaardig.

Die ontwikkeling van selfagting is 'n uiters ingewikkelde proses. En die evaluering en houding van ander belangrike mense, veral ons ouers, is hier van deurslaggewende belang.

'n Swak selfbeeld   'n Goeie selfbeeld

Jy is uniek – só uniek dat daar nêrens iemand anders soos jy is nie. God het jou op 'n besondere wyse geskape en Hy wil hê dat jy hierdie uniekheid moet uitleef en jouself moet wees – veral ook in die huwelik.

IN KONTAK MET JOU GEVOELENS (OM TE "LUISTER" NA JOU BINNESTE)

WAAROM IN KONTAK KOM?

Daar is mense wat die lewe en hulself ervaar en gevoelig is vir hul binneste. Baie word egter deur die vinnige lewenstroom meegesleur en het nie tyd of rustigheid om aandag te gee aan al hul innerlike woelinge nie. Hulle leef bo-oor of verby hul gevoelens of verkies om dit te onderdruk. Wanneer dít gebeur, sink hul gevoelens dieper na die onbewuste en kom soms op onverklaarbare en onhanteerbare maniere na vore – hulle voel dalk sleg, het uitbarstings of ervaar liggaamlike pyn.

Ook in ons daaglikse interaksie met mekaar slaan gevoelens telkens deur. Dikwels is ons nie eens daarvan bewus nie. Wanneer jy geïrriteerd of seergemaak voel en jou maat sit net een voet 'n bietjie skeef, sal jy jou gevoelens sommer onverdiend op hom/haar uithaal (dit is 'n onbewuste proses om seer te maak wanneer ons self seerkry). Wanneer jy bly en opgewonde voel, kan jou maat maar albei voete verkeerd sit. Dan sal jy jou maat verskoon vir al die dinge wat jou gewoonlik ontstel. So laat jy onwetend toe dat jou gevoelens jou gedrag bepaal.

Wanneer jy egter bewus is van jou gevoelens en in kontak is daarmee:
- 💗 is jy beter in beheer daarvan en kan jy self jou gedrag doelbewus stuur. (Maar as jy nie jou eie gevoelens ken nie, beheer hulle jou.)
- 💗 kan jy jou gevoelens helderder en duideliker oordra en is jy ook oper en ontvanklik vir ander.

OEFENING 2

Individueel

Ontspan en wees rustig. Dit is baie belangrik om net op die foto te konsentreer. Kyk daarna en laat dit op jou inwerk totdat jy bewus word van hoe die foto jou "aanspreek". Hier gaan dit nie oor 'n ontleding van die foto nie, maar oor 'n soeke na dít wat jou as mens raak.

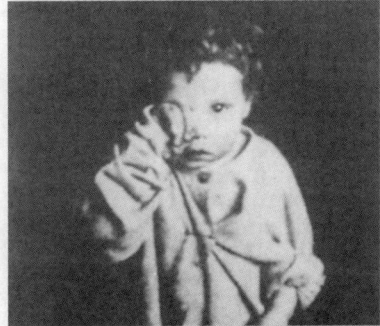

Baie mense ervaar 'n blokkasie wanneer hulle na hul emosies moet beweeg. Hulle gebruik die rede om hul emosies uit te sluit of te onderdruk, terwyl die rede hulle juis moet help om met die emosies kontak te maak.

Ons kan dit skematies ook só voorstel:

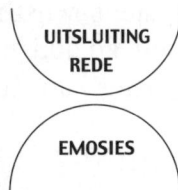

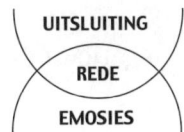

Die rede moet geïntegreer wees met die emosies. Dit moet ons help om van ons emosies bewus te word en dit te leer ken.

Kontak met jou gevoelens beteken om die volgende in jouself te ontleed:

- ♥ *hoe* jy voel – dit is meer 'n stemming of gemoedstoestand.
- ♥ *wat* jy voel en ervaar – identifiseer die spesifieke gevoel of gevoelens. Dit mag vermeng wees.
- ♥ *waarom* jy so voel – die verband tussen wat ek voel en die konteks waarin dit gebeur of gebeur het.

OEFENING 3

Individueel

Soek 'n stil, rustige plek in die natuur. Ontspan en voel veilig en vry. Maak jou oë toe en roep 'n gebeurtenis op wat sterk emosies in jou opwek: 'n Onsteltenis, 'n spanning tussen jou en jou maat, of net iets wat jou emosioneel laat voel.

1. Luister na die emosies wat by jou opkom.
2. Identifiseer die spesifieke gevoelens wat jy in hierdie stadium beleef.
3. Gee jouself kans om hierdie emosies werklik te ervaar. (Is hulle sterk of flou, wisselend of konstant, deurmekaar of helder?)
4. Bring jou gevoelens in verband met konkrete gebeure.

Opmerking

Kon jy dit doen? Dit sal vir jou 'n aanduiding wees van hoe goed of hoe sleg jy in kontak met jou gevoelens is.

Jy kán oefen om gevoeliger te raak, mits jy nie van jou emosies wegvlug nie. As jy die bewustheid in jou laat groei, sal jy gevoeliger raak in jou en jou maat se interaksie en ook die negatiewe gevoelens beter kan stuur.

Nou wil ek in meer detail ingaan op negatiewe gevoelens en hul werking in die interaksie tussen man en vrou.

ANGER OF WOEDE

Anger, die Engelse woord vir woede, is 'n juister omskrywing van die bepaalde kwaad-word-emosie. *Anger* is 'n normale, onafwendbare emosie in die wisselwerking in 'n naby verhouding. Die persoon wat jy die liefste het, maak jou die maklikste kwaad. Waarom? Omdat julle naby aan mekaar lewe, so verskillend van aard is en die verskille jou bedreig.

Anger bring meestal die verskille tussen jou en jou maat na die oppervlak en wys waar julle twee se persepsies, behoeftes of gedrag teenoor mekaar staan of nie in harmonie is nie. Dit laat jou dikwels op 'n pynlike manier besef dat jul ratwerk verskillend inmekaar steek en nie so maklik sinchroniseer nie.

Twee mense wat in verskillende rigtings trek, kan vergelyk word met twee elektriese kabels wat skuur en waarin die spanning van tyd tot tyd oplaai, sodat daar vonke ontspring wat 'n kortsluiting kan veroorsaak. Kwaad word dui op 'n duidelike spanning of botsing in die verhouding wat nie ontken of daar gelaat kan word nie.

Woede is vir die individu 'n beskermings- of verdedigingsmeganisme teen enige bedreiging van buite. Dit stel jou in staat en maak jou gereed om te veg vir jouself teen die ander. Jy moet jou teen 'n huweliksmaat beskerm wanneer hy/sy te veel oor jou grense beweeg en jou ruimte betree. Jy moet jou eie veiligheidsheining oprig; jou maat op 'n veilige afstand hou.

In die interaksie skep *anger* dus verwydering. Die bedreiging en persoonlike beskerming staan tussen julle en doen kwaad. Daarom moet die afstand altyd oorbrug word. *Anger* is 'n duidelike indikasie dat die spanning of botsing tussen julle aangespreek moet word. Dit sein 'n noodroep om te kommunikeer, die lug te suiwer en meer van jouself en jou maat te verstaan. Indien daar 'n oop gesprek hieruit voortvloei, word dit 'n helende proses wat ons weer nader aan mekaar bring. Laat ons die *anger* daar of probeer dit vergeet, al voel ons ná 'n tyd beter, handhaaf ons steeds die gaping tussen ons. So 'n gaping kan met elke gevoeligheid verder vergroot.

Woede is 'n normale, onafwendbare emosie in ons wisselwerking. Dit is egter ook die mees onderdrukte, onveilige emosie. In die ou bedeling kon kinders dit nie waag om hierdie negatiewe emosie te wys nie. Dit is met gesag en dissipline onderdruk. Het dit wel soms opgewel, ook by een van die ouers, is dit afgemaak as 'n swak humeur, waaroor jy as gelowige beheer en oorwinning moes verkry – weer eens 'n rede om ondergronds te gaan.

Sommige geleerdes beweer dat onderdrukte woede een van die redes is waarom daar vandag soveel geweld en gewelddadigheid tussen mense en in ons samelewing bestaan.

Anger kan ook dieper of ander wortels hê as die gewone verskille in die interaksie:

❤ Man en vrou sien mekaar te veel as 'n eenheid of "ons" en die een verwag onbewustelik van die ander om soos hy/sy te dink, te voel en te handel. Wanneer hy sleg en af voel, moet sy ook so voel. Wanneer sy moeg is en hy nie, verstaan hy nie waarom sy juis nou moeg moet wees nie. Hulle verloor hul vermoë om hul maat as 'n aparte, unieke, anderse mens te sien en ervaar. Eenheid word enersheid, en dan word daar baie gestoei, want elkeen moet hard vir sy/haar eie identiteit veg. In hoofstuk 5 sal ons hierna terugkeer.

❤ Sekere pynlike ervarings uit die kinderjare kan bewustelik/onbewustelik weer deur die maat wakker gemaak word. Byvoorbeeld: Sonja is as kind nooit toegelaat om te eksperimenteer nie en al haar waagmoed is altyd gedemp. Toe sy in haar huwelik uiteindelik genoeg selfvertroue ontwikkel om as volwassene 'n sprong te waag, het haar man negatief gereageer en sy het in intense woede ontplof.

Dít is 'n algemene probleem in verhoudings. Jy wil in 'n huwelik wegbreek van die pyn van jou kinderjare, maar vind dan 'n maat wat hierdie pyn op bepaalde vlakke herhaal. 'n Man wat vlug van sy teregwysende pa, trou dalk met 'n vrou wat hom telkens teregwys in die huwelik. 'n Meisie wat opstandig raak omdat haar pa haar intense emosies as oorreaksie afmaak, trou met 'n rasionele (ongevoelige) man. En die pyn van gister word herhaal.

Dié pyn word geaktiveer omdat hul huweliksmaat soortgelyke eienskappe of hanteringswyses as die ouerfigure openbaar.

❤ Misverstande kan pyn en woede oproep as gevolg van verkeerde aannames en 'n sneeubal-effek van verdere misverstande veroorsaak. Dit gebeur veral maklik wanneer twee mekaar nie ruimte gee nie en hul verhouding te veel as 'n eenheid sien.

♥ 'n Magstryd kan koppe hard laat stamp. Wanneer albei se behoefte om die dromme te slaan ewe sterk is, gebeur dit dikwels.

In die vennootskaphuwelik waar die vrou haar uitleef in en leiding neem in die beroepswêreld en self al hoe sterker word, kom dit al hoe meer voor. As dit die man bedreig laat voel en hy boonop 'n swak selfbeeld het, voorspel dit net gevaar.

Om leiding te neem en te volg; om afwisselend toe te gee en kompromieë aan te gaan word al hoe kardinaler. In hoofstuk 6 sal ons weer hierby stilstaan.

♥ 'n Swak selfbeeld maak dat die een onnodig minderwaardig voel en soms te maklik ongeregverdig negatief teenoor sy/haar maat reageer.

♥ Eie gemoedstemming kan die een mens se toleransiedrumpel oorskry. Wanneer jy "af" voel, is jou toleransiedrumpel gewoonlik laag. Moeilike werksomstandighede, die eise van die moderne lewe, gejaagdheid en stres kan alles hiertoe bydrae.

Die geringste dingetjie van jou maat se kant kan spanning veroorsaak en tot onnodige konflik lei.

Elke mens het 'n spesifieke toleransiedrumpel. Die een is meer verdraagsaam as die ander, maar dit kan ook van situasie tot situasie verskil. Mans moet onthou dat die premenstruele fase van 'n vrou haar gemoed en toleransiedrumpel dikwels ingrypend beïnvloed.

Wanneer jou maat se toleransiedrumpel laag is, moet jy probeer om jou optrede daarby aan te pas. Jou maat kan help deur jou betyds daarop bedag te maak sodat jy nie onnodige konflik uitlok nie.

♥ Ekstreme faktore soos skoonouers, kinders en finansies kan ook die woedevlak in 'n verhouding onnodig opjaag.

MEGANISMES OM WOEDE TE HANTEER

Ons moet aanvaar dat *anger* deel van ons lewe saam is. Die gevaar lê nie in die *anger* self nie, maar in die destruktiewe uitleef daarvan. Jy het die reg om kwaad te word, maar nie die reg om onnodig seer te maak, te straf of te beskadig nie.

41

Jy word nooit verniet kwaad nie – jou woede het 'n dieper rede. Daarom is dit belangrik om woede te aanvaar en die werking daarvan in elkeen van ons te verstaan en langs positiewe kanale te stuur (sien hoofstuk 6 – *Bots, maar bou*).

Woede kan slegs op twee maniere vloei – óf na buite óf na binne. Mense wat geneig is om hul woede na buite te rig wil ek *outer angers* of *wysende woeders* noem. En dié wat hul woede na binne rig, noem ek *inner angers* of *swygende wroegers*. Laasgenoemde het meer subtiele maniere waarop hulle hul woede laat geld.

Woeders kan egter ook hul woede inkeer en wroegers kan opgekropte woede laat uitbars. By die meeste mense voer een manier egter gewoonlik die botoon, terwyl sommige ewe goed na albei kante toe kan reageer.

DIE WOEDER

Woeders is in die volksmond bekend as konfronteerders en/of bakleiers. Hulle beskerm of verdedig hulself deur aan te val. Hulle voel maklik hul woede opstoot (dit het 'n fisiologiese basis en gaan gepaard met adrenalienafskeiding) en laat dit tot uiting kom in 'n driftige en aggressiewe toon. Woeders is die rasers en blasers in die verhouding wat hul maat "bespring" en "invlieg." Tipies van hul meer impulsiewe uiting, stel hulle hul saak dikwels só sterk en skerp dat hulle later dikwels moet erken: "Ek het dit nie so bedoel nie."

Woeders se negatiewe kant is dat hulle hul woede op 'n ander mens rig en die ander beskuldig, kritiseer en hom/haar die sondebok maak. Vir die maat wat 'n wroeger is, wat meestal self onveilig met *anger* voel, is hierdie woede baie intimiderend, selfs terroriserend, en veroorsaak dit dat hy/sy maklik in sy/haar dop kruip. En hierdie in-die-dop-kruip kan versterk word deur die woeder se optrede, maar ook deur die eie negatiewe en bedreigde ervaring daarvan.

As jy met 'n woeder getroud is, het jy darem ook die voordeel dat jy gewoonlik mooi weet waar jy met jou maat staan. Woeders is meestal dié wat dadelik wil praat en uitpraat. Hulle begeer duidelikheid in die interaksie. Daarom kry hulle dit tog by tye of op die lang termyn reg om die wroegers uit te lok en aan te moedig om te praat.

Woeders is meestal gou weer goed en loop nie met griewe en onderduimse planne rond om hul maats te kelder nie.

Wanneer hul gevoelens te diep geraak word of nie na behore na hul maat kan oorkom nie, keer woeders ook na binne. Hierdie pyn kan dan só diep gebêre word dat dit later moeilik kan uitkom en selfs tot depressie lei.

DIE WROEGER

Wroegers voel bang of onveilig met woede. Hulle manier van verdedig is om sélf te verdedig. Hulle sal hul negatiewe gevoelens onderdruk en stil en stom raak. In die volksmond is hulle bekend as die konflikvermyders of voorstanders van vrede – al woed die oorlog reeds.

Hulle manier om veilig en in beheer te voel, is om die woede na binne te keer deur te onttrek, in stilstuipe te verval of om gewoon uit te loop en nooit verbaal terug te keer nie. Hierdie uitsluiting laat die wroeger se maat natuurlik magteloos.

Wroegers het altyd tyd nodig om hulself uit te sorteer voordat hulle kan praat. Hulle het nodig om as 't ware eers in 'n innerlike grot te gaan inkruip om helderheid te kry en antwoorde te vind.

Hierdie selfondersoek, voordat hulle kan praat en koelkop kan bly in 'n gespanne situasie, is natuurlik positief. Die negatiewe kant is egter dat die wroegers dinge só goed vir hulself uitsorteer dat hulle nie nodig het om verder daaroor te praat nie. Hulle rasionaliseer maklik en maak dit vir hulself uit dat die saak te klein en onbenullig is en dat vrede beter is as om weer woede op te wek of in die pyn in te gaan.

Wanneer wroegers ná 'n langer tydperk beter voel, gaan hulle normaalweg voort, sonder om ooit die gevoelens en probleme uit te praat en die afstand, wat reeds bestaan, te oorbrug.

Wat word van hierdie onderliggende woede? Sal dit verdamp? Nee, ongelukkig word dit net onderdruk en gaan dit ondergronds. En dít maak hierdie woede nóg gevaarliker en plofbaarder.

❤ Onderdrukte woede bou op en ontplof, soos stoom wat in 'n geslote ruimte vasgevang raak. Wanneer 'n wroeger uitbars, is die woede baie fel – dan is hy/sy 'n woeder in kwadraat. In so 'n uitbarsting kan die wroeger soms beheer verloor en sy/haar maat psigies maar ook fisiek seermaak. Ek weet van pare wat ná so 'n uitbarsting in die egskeidingshof beland het.

❤ Onderdrukte woede veroorsaak ook dat daar griewe teen die maat opgebou word. Wroegers wat nie uitpraat nie, skryf al hul griewe neer in 'n denkbeeldige "klein, swart boekie." Op die oppervlak "vergeet" hulle, maar belaglike klein irritasies (*triggers*) kan hierdie griewe onverwags en ontydig oproep. Die ou griewe word handige ammunisie teen die maat. Die een beskuldig die ander dan van dinge wat maande, selfs jare gelede gebeur het, terwyl die maat heel waarskynlik al lankal daarvan vergeet het.

♥ Hierdie onderdrukking kan ook meer subtiele vorme aanneem: Jy "vergeet" om belangrike gunsies of verantwoordelikhede na te kom; jy straf of vergeld (*spite*) jou maat, jy ontvlug in jou werk (of selfs na 'n derde persoon); jy weerhou seks. Uiteindelik is daar 'n verlies aan teerheid as gevolg van hierdie hardheid en afstand.

♥ Woede kan ook na die liggaam verplaas word in die vorm van spysverteringsprobleme, hoofpyne, hoë bloeddruk, ensovoorts.

♥ Laastens bring onderdrukte en onderliggende woede konflikhantering self in die gedrang. Dit veroorsaak dat al die onuitgesorteerde verskille soos 'n bol wol raak waarin al die drade verstrengel of gekoek is. Dit word al hoe moeiliker om een draad – een probleem – te isoleer sodat dit aangespreek en uitgesorteer kan word.

Hoe ons die woede meer in positiewe kanale kan stuur, kom in hoofstuk 6 aan die orde. Ek wil julle nou eers bewus maak van wat julle kwaad maak en hoe dit jul wisselwerking raak.

OEFENING 4

Individueel

Word bewus van hoe jy oor woede voel en skryf die volgende neer:

1. Wat maak my die maklikste kwaad (ook in ons verhouding)?
2. Wat dink ek maak my maat die maklikste kwaad?
3. Waar en wanneer onderdruk ek my woede?
4. Wat dink ek doen die manier waarop ek my woede wys, aan my maat?
5. Wat doen die manier waarop my maat sy/haar woede wys, aan my?

Julle twee saam

Deel jul antwoorde met mekaar en wees sensitief vir die ander een se gevoelens. Raak bewus van wat woede in jul interaksie doen.

Om bewus te wees van jou gevoelens en *anger* dien as belangrike voorbereiding om voortdurend in kontak te wees en te bly met jou lewensmaat.

Onthou, twee mense met verskillende raamwerke word met mekaar verbind deur die komplekse proses van kommunikasie.

HOOFSTUK 4
Kontak in kommunikasie

Toe die eerste vrou vir die eerste man geskep is, het Adam gejubel: *Hierdie keer is dit een uit myself, een soos ek* (Gen 2:23). Anders as die dier, was die vrou 'n gelyke (Gen 2:18), iemand met wie hy kon kontak maak en met wie hy in 'n verhouding kon tree. Adam kon sy mensheid met Eva deel en vir die eerste keer kommunikeer.

KOMMUNIKASIE IS ...

- om te gee van jouself, om jou binneste oop te stel, en ook jou gevoelens, selfs die kwesbares, om eerlik te wees sonder om te verdedig;
- om te ontvang van die ander – om hom/haar te probeer verstaan en aanvaar as 'n ander, unieke mens, ook met sy/haar eie kwesbaarheid en gebreke;
- om te deel met mekaar – jul vreugdes, hartseer, gevoelens, behoeftes, verlangens en drome, maar ook waar jul gedrag mekaar negatief beïnvloed en raak;
- om kontak te maak met en 'n ander mens te ervaar – kommunikasie bepaal die aard, maar ook die kwaliteit van jul interaksie; hoe gemaklik en sinvol julle gaan saamleef en aanpas.

Mense wat met mekaar kan praat – nie net oor koeitjies en kalfies nie, maar oor hulself, hul ervaring van die lewe en hul interaksie met mekaar – is ryk. Wanneer die donker wolke opsteek, is daar deernis, begip en aanvaarding en staan hulle saam.

'n Gebrek aan gesonde kommunikasie – ja, kommunikasie kán uiters siek word – bring hartseer, afstand en verwydering. Geen wonder dat dit een van die grootste oorsake van die hoë egskeidingsyfer in Suid-Afrika is nie. Die meeste huweliksberaders worstel daagliks om twee vervreemdes net weer in kontak met mekaar te bring. Die verstopte kanale tussen hulle moet as 't ware weer oopgeforseer word.

In hierdie hoofstuk gaan julle na die ingewikkelde proses van kommunikasie kyk en later oefen om reg te luister en reg te praat.

HINDERNISSE IN DIE PAD VAN GOEIE KOMMUNIKASIE

Om jou binneste gevoelens werklik te deel met 'n ander wat aanvanklik vir jou vreemd is, vra vertroue, tyd en oefening. Waarom kom dit nie natuurlik nie?

❤ Tradisioneel het ons nie geleer om openhartig met ons gesinslede te wees nie. Weens die gesagsposisie van ons ouers en die reëls waaraan ons onderworpe was, was dit veral moeilik om oor negatiewe gevoelens te praat. Dit was baie veiliger om stil te bly, die minste te wees en by die patroon in te val. Dit het vir baie van ons 'n manier geword om storms die hoof te bied, 'n hanteringsmeganisme (*coping mechanism*) wat ons moeilik leer om weer prys te gee.

As jy nou ná vyf en twintig jaar of meer skielik in 'n nuwe, intieme verhouding moet erken waar jy tekort skiet of jou maat kan teleurstel, is dit net te veel gevra om daaroor te praat. Jy voel onveilig in dié nuwe "eerlikheid." Buitendien mag jy nie jou maat seermaak nie.

Veral jongmense kry dit moeilik reg om die eerlike, reguit pad te volg en raak geweldig vernuftig met kronkel- en ompaaie. Ek het onlangs gesien hoe 'n jongman wat 'n ernstige verhouding met sy meisie het, allerlei verskonings aanbied waarom hy nie saam met haar op 'n naweekuitstappie saam met vriende kan gaan nie. Dit het uitgeloop op 'n paar argumente, maar hy het haar uiteindelik oortuig dat hy weens werkdruk by die huis wou bly.

Die werklike rede was egter dat hy nie van soveel sosiale verkeer op 'n slag hou nie, 'n *loner* is, en ook bang is. Hy wou haar nie ontstel nie. Hy het sy ware aard vir haar verberg en sy sou dit eers met verdere sosiale afsprake en met stampe en stote ontdek – met groter ontsteltenis en pyn.

Die waarheid op sigself is maklik pynlik. Maar om dit te bly verdoesel, verleng net die lydenspad. En 'n verhouding is reeds moeilik genoeg.

♥ Verliefdes en verloofdes het 'n verdere probleem. Hulle "veg" om die romantiese en idilliese in die verhouding te behou. Wanneer hulle saam is, probeer hulle mekaar steeds beïndruk en behaag. Hulle wys net hul beste en mooiste kant vir mekaar, want hul swakhede en tekortkominge mag dalk hul nuutgevonde liefde skaad. Hulle probeer hul geliefdes in alles behaag, al voel hulle soms heeltemal anders in hul harte. Andersheid moet tog net nie 'n rusverstoorder word of tot konflik lei nie. Hulle leer om voor te gee, 'n rol te speel, eerder as om oop en eerlik te wees. En hierdie toneelspel is nogal moeilik.

♥ In die proses van praat en luister self, opereer twee lewensmaats uit verskillende raamwerke, wat meebring dat die luisteraar dikwels nie presies hoor of verstaan wat die ander sê nie. Misverstaan verhinder die oopmaak en versterk die "in-die-dop"-kruip meganisme. Ná een of twee misverstande wys ek eenvoudig moeiliker my kwesbare kant!

♥ Misverstaan kan verder versterk word as ons nie op mekaar se golflengtes ingestel is nie. Die een is byvoorbeeld meer emosioneel, die ander rasioneel. Die een "skets" alles in die fynste besonderhede, die ander het 'n hekel aan detail. En ons maak nie kontak nie!

♥ Wanneer die een beheer of mag uitoefen oor die ander, staan ook dít dikwels in die pad van 'n oop kanaal. Deur eenvoudig jou ore vir jou maat toe te maak, blokkeer jy nie net die belangrike verbinding nie, maar misbruik jy dit ook om jou eie magsposisie te versterk en jou maat "onder" te hou. Albei se kwesbare kante verdwyn in die niet.

Om kontak te maak met jou maat se binneste en sy/haar belewenis van die wêreld en gebeure te verstaan, moet jy reg leer en oefen om te kommunikeer. En die belangrikste bousteen in 'n gelukkige verhouding is nie so maklik nie.

DIE KOMMUNIKASIEPROSES

Oor kommunikasie is daar natuurlik reeds baie boeke geskryf. Ek konsentreer hier veral op kommunikasie op 'n dieper vlak in die eenheidsband tussen man en vrou. Ek wil dit so prakties moontlik toelig.

Die skets hier onder stel die kommunikasieproses skematies voor en dit kan ook gebruik word by die uiteensetting wat daarna volg.

filters

boodskap

Praat/luister   *Praat/luister*

Liesl het 'n behoefte om iets wat sy ervaar met Leon te deel. Sy vertel dit vir hom of, anders gestel, sy stuur 'n boodskap met 'n sekere inhoud en bedoeling na Leon. Leon ontvang die boodskap en reageer daarop met 'n eie boodskap. Hy word nou die prater en Liesl die luisteraar. Nadat Liesl Leon se boodskap ontvang het, word die rolle weer omgeruil en die proses herhaal.

As Leon en Liesl twee masjiene was, sou dit 'n eenvoudige meganiese proses gewees het van seine wat oor en weer gestuur word, sonder steurnisse. Mense reageer egter met hul hele menswees op 'n boodskap en dit is glad nie vanselfsprekend dat Leon gaan hoor wat Liesl werklik sê nie.

Wat Leon hoor, het net soveel te maak met sy menswees as met die werklike boodskap van Liesl. Hy luister altyd subjektief of deur 'n filter wat die werklike seine versteur. Hierdie filter veroorsaak dat die prentjie wat Liesl skilder dikwels verkleur of verander by Leon uitkom. Kom ek illustreer dit met 'n praktiese voorbeeld:

Leon het 'n moeilike dag agter die rug. Liesl vra vriendelik-pleitend of hy vanaand nog die lang gras sal sny omdat sy haar ouers die naweek verwag. Hy "hoor" waarskynlik net een ding: Sy wil hê hy moet al weer werk en hy is reeds so moeg. 'n Ander moontlikheid is: sy wil al weer vir hom voorskryf.

Wat Liesl werklik bedoel, is dat sy graag alles mooi wil hê vir wanneer haar ouers kom kuier. Hy hoor nie die emosie nie en haak vas op nóg werk of "vanaand nog." En gou-gou is die gort gaar.

Jou maat moet die wese, die werklike bedoeling van jou boodskap reg hoor voordat dialoog kan plaasvind. Dialoog impliseer dus dat jou maat seker moet maak dat hy/sy die boodskap "reg" ontvang het. Meer nog, jou maat moet die boodskap op hom/haar laat inwerk (hom/haar in jou posisie verplaas) voordat hy/sy kan reageer.

Baiekeer bestaan kommunikasie uit monoloë: Jy reageer op wat jy dink jy hoor of wat jy wíl hoor, en stuur jou eie boodskap terug sonder dat jy jou maat verstaan het. Julle praat by mekaar verby.

In die lig van wat ek nou hier gesê het, gaan ons kyk na 'n eenvoudige voorbeeld van goeie en swak dialoog.

Liesl: "Ek wens ek kan 'n ander werk kry."
Leon: "Ek kan sien dat jou werk vir jou moeilik word. Dink jy werklik aan 'n verandering?"

Leon verstaan duidelik wat sy bedoel – en goeie kommunikasie en dialoog vind plaas.

Op 'n ander dag het Leon pas hul geldsake uitgewerk en is sy ore nie so oop nie. Die kommunikasie is meer op homself ingestel:

Liesl: "Ek wens ek kan 'n ander werk kry."
Leon: "Jy sal nie elders so 'n goeie salaris kry nie!" (Twee monoloë!)

Leon sou in ander omstandighede ook kon antwoord: "Jy is ook nooit tevrede met wat jy het nie!" In plaas daarvan om Liesl se gevoel van onsekerheid te hoor en te verstaan, loop hy in die twee laaste gevalle bo-oor haar emosies. Sy filter het 'n steuring veroorsaak.

Liesl se reaksie daarop kan maklik negatief wees ("Jy dink ook altyd net aan geld" of: "Jy is altyd goor") en so kan die een negatiewe boodskap na 'n volgende lei – omdat elkeen subjektief luister.

Natuurlik het Leon die reg om te sê hoe hy werklik voel, byvoor-beeld oor die geldelike aspek of iets anders, maar nie voordat hy haar gevoelens "opgevang" en erkenning daaraan gegee het nie. (Sien die deel oor "luister" in hoofstuk 5.)

Om 'n ander mens te ervaar, moet jy leer om reg te luister en reg te praat. Voordat ons meer aandag hieraan gee, kyk ons eers na die fak-tore in die proses van praat en luister wat kommunikasie so moeilik maak.

GOEIE KOMMUNIKASIE KOM NIE VANSELF NIE

Die hooffaktore wat die proses van kommunikasie ingewikkeld maak, is:

❤ twee verskillende mense wat elkeen 'n eie werklikheid het wat meebring dat hulle subjektief praat en luister;
❤ twee dimensies van die boodskap
  • verbaal – die inhoudelike, die *wat* van die boodskap;
  • nieverbaal – die manier van oordrag; die *hoe* van die boodskap; ons noem dit lyftaal;
  • botsings tussen die verbale en nieverbale wat die ware betekenis van die boodskap verbloem, en
❤ uiteenlopende kommunikatiewe gedrag.

Al dié faktore werk mee dat dit wat jy bedoel nie altyd suiwer by jou maat uitkom nie. Die kanse dat dit verdraai word, is goed. Misverstand bly een van die grootste hindernisse op die pad van suksesvolle kom-munikasie. En as ons mekaar gemis het, bou die een misverstand ná die ander maklik op.

TWEE VERSKILLENDE MENSE
Elke mens beleef en hanteer sy wêreld en die prikkels wat op hom inwerk op 'n unieke manier. Twee individue sal heeltemal verskillend reageer in presies dieselfde situasie – afhangende van hul *scripts*, hoe hulle voel, veral ook oor hulself, en wat hul behoeftes in 'n gegewe situasie of konteks is.

Die een mens het 'n opgeruimde ingesteldheid, terwyl 'n ander meer pessimisties teenoor die lewe staan. Die een mens kan baie verdra, terwyl die geringste ding 'n ander irriteer. Wat die een begeer, is dalk vir die ander afstootlik. Elke mens leef daagliks in 'n wêreld van sy eie. En hierdie eie wêreld het 'n groot invloed op sy/haar kommunikasie. Kom ons kyk weer na Leon en Liesl, en ook na Anja en Henk.

Liesl het 'n opwindende dag saam met 'n vriendin gehad. Sy het vir haarself 'n spesiale rok gekoop. Sy borrel oor van opwinding en blydskap.

Leon het só hard gewerk, selfs 'n skrobbering van sy baas gekry. Hy voel dat dit nogal harde werk is om alleen die broodwinner te wees en is nie seker of Liesl dit altyd genoeg waardeer nie, want sy gee soms te maklik geld uit. Hy kom moeg by die huis aan en is bly om Liesl in so 'n goeie bui aan te tref. Dalk kan dit hom ook opbeur. Hulle gesels eers rustig saam oor die gebeure van die dag en hy voel hoe hy begin ontspan. Liesl kan haar opwinding glad nie meer beteuel nie en vat Leon aan die arm.

Sy sê: "Kom kyk, ek het vir my 'n spesiale rok gekoop!"

Wat is Liesl se werklike boodskap? Vir iemand wat nie by die saak betrokke is nie en wie se beursie nie geraak word nie, is dit maklik om te hoor. "Deel my vreugde met my (oor my spesiale rok, natuurlik)."

Wat hoor Leon?

Hy vergeet 'n oomblik lank van haar opgeruimdheid en hoor nie wat sy werklik bedoel nie – hy dink terug aan sy vrae daardie oggend by die werk. Hy reageer op dít wat hom raak. Hy hoor die woord "spesiaal" en dink aan sy beursie. Hy voel omgekrap.

Leon antwoord: "Hoeveel geld het jy nóú weer uitgegee?"

Met hierdie reaksie demp hy nie net haar vreugde nie, hy plaas haar ook op die verdediging. En gou ontaard hul gesprek in 'n gestryery oor geld.

As Leon sou antwoord: "Dit is pragtig. Ek hou baie daarvan as jy mooi lyk, maar ek voel 'n bietjie ongerus oor ons finansies," sou sake dalk anders verloop het. Dit sou weer 'n appèl op Liesl gemaak het om sy kommer op te vang en te verstaan.

❤ ❤ ❤

Anja soek angstig haar bos sleutels om betyds te wees vir 'n belangrike onderhoud.

Anja sê: "Henk, my sleutels is weg en my werksonderhoud is oor dertig minute. Ek kan hulle nie kry nie!"

Wat is Anja se boodskap? 'n Appèl om hulp.

Wat hoor Henk (wat haar al lankal aanpraat oor die ongeërgdheid waarmee sy dinge hanteer)?

Met haar boodskap, sien en ervaar hy voor sy geestesoog weer haar nalatigheid om sleutels op 'n vaste plek te bêre, en hy vererg hom hier binne.

Henk antwoord: "Ek het jou al lankal gesê om die sleutels altyd op die regte plek te bêre."

Terwyl sy 'n hulpkreet het, kom hy met 'n teregwysing en hulle mis mekaar totaal. Uit 'n geordende raamwerk lyk die meer impulsiewe mens vir die ander een slordig oor die lewe. Vir 'n mens wat geld meer vashou vir sekuriteit, lyk dit of sy/haar maat, wat makliker geld uitgee, spandabelrig is. En die persepsies wat die een van die ander het en aanhou vorm, beïnvloed hoe jy in 'n bepaalde situasie jouself verwoord, maar ook watter seine jy opvang en gevoelig voor is en wat jy uitskakel.

Dit raak nóg komplekser wanneer die een maat oorgevoelig is of raak vir 'n tipe boodskap wat sy/haar pyngevoelens uit die verlede aktiveer. (Sien hoofstuk 3.) 'n Vrou wat byvoorbeeld verwerping in haar ouerhuis beleef het, sal in selfs 'n eenvoudige boodskap van haar man – soos: "Ek sien nie kans om vanaand uit te gaan nie" of: "Ek wil dit nie graag op jou manier doen nie", verwerping "hoor." Sy blokkeer en raak self emosioneel verstrik. Hy, weer, sonder om iets te hoor, raak totaal magteloos om na haar oor te kom.

TWEE DIMENSIES VAN 'N BOODSKAP

B O O D S K A P		
Verbaal:	woorde en woordkeuses	
Nieverbaal:	stemtoon liggaamshouding en -beweging gesigspel gebare	} lyftaal

Die **verbale dimensie** is die inhoudelike van wat gesê word. Dit word hoofsaaklik deur taal en woordkeuses oorgedra en maak dit vir die hoorder moontlik om te weet waaroor die boodskap gaan. Taal op sigself is natuurlik reeds gekompliseerd omdat mense aan dieselfde woorde verskillende inhoude en betekenisse gee. Dit is nog 'n subjektiewe element.

Vir baie mense is die verbale die enigste dimensie van die boodskap. Dit is al wat vir hulle bestaan. Hulle staar hulle blind op die konkrete sê-goed, fokus op die rasionele en logiese inhoud en het geen aanvoeling vir die ondertone wat ook altyd bestaan nie.

In kommunikasie dra die **nieverbale dimensie**, dit wat onder en agter die woorde skuil, feitlik al die gewig. Kenners sê dat dit 80% van die boodskap oordra. Die nieverbale gaan oor die manier waarop jy die boodskap oordra, die *hoe* van die boodskap. Die werklike bedoeling van die boodskap lê opgesluit in jou stemtoon, jou liggaamshouding en -beweging, jou gesigspel en gebare. 'n Mens kan ook sê dat jou lyftaal die emosionele elemente, wat altyd daar is, verteenwoordig en die werklike boodskap bepaal.

Ons moet dus leer om verby woorde, die rasionele, te kyk. Woorde alleen beteken min en word gedra en kry kleur deur die onderliggende gevoelens.

Kom ons kyk weer na Liesl se situasie. Die inhoud van haar boodskap gaan dieselfde bly, maar die manier waarop sy dit oordra, gaan verander:

Liesl: "Kom kyk, ek het vir my 'n spesiale rok gekoop."
- ❤ **Inhoud:** Kyk na my spesiale rok.
- ❤ **Manier van oordra:** stralende gesig, opgewonde stem en 'n oproep om in haar vreugde te deel.

Of: Liesl het 'n skuldige gewete en probeer haar spandabelrigheid verontskuldig.

Liesl: "Kom kyk, ek het vir my 'n spesiale rok gekoop."
- ❤ **Inhoud:** Presies dieselfde.
- ❤ **Manier van oordra:** skuldig en 'n houding van "ek het dalk 'n fout gemaak."

Die verbale boodskap, die inhoud, is in albei gevalle identies, maar die lyftaal verskil. Die gevolg is twee totaal verskillende boodskappe – die een is 'n boodskap van vreugde, die ander een van skuldgevoelens.

Ons kan dus sê dat dit veral die lyftaal is wat praat. En dit is nie so eenvoudig om lyftaal altyd reg te vertolk nie.

Kom ons kyk daarna.

Lyftaal

Lyftaal is die manier waarop jou liggaam uitdrukking wil gee aan wat jy hier binne beleef en wil oordra. Die liggaam neem die karakter van bepaalde emosies aan en dra dit saam met jou woorde oor.

Lyftaal praat deur gesiguitdrukkings, gebare, die houding en beweging van die liggaam en veral die stemtoon. Dit is belangrik om die uiterlike openbaarmaking van jou belewenisse te leer ken, want die liggaam sê dikwels meer as die woorde self.

Dit is moeilik om op papier 'n indruk van lyftaal weer te gee, maar kom ons kyk tog na 'n paar voorbeelde. Deur net te kyk na die volgende figure, ontvang jy reeds 'n boodskap. Watter gemoedstoestand beeld elkeen van hierdie vier figure uit?

Die eerste figuur verdedig homself dalk, terwyl die tweede figuur presies die teenoorgestelde – openheid en selfvertroue – uitbeeld. Die derde figuur lyk verveeld, terwyl die vierde belangstelling en betrokkenheid wys.

Openheid en betrokkenheid is belangrike komponente van die praat- en luisterproses, soos ons in hoofstuk 5 sal sien.

Kom ons kyk na nog voorbeelde:

Liesl sê met 'n vriendelike, bly stemtoon: "Kom kyk gou hier, ek wil jou iets wys."

Haar liggaam straal 'n oproep uit om te kom deel in dit wat vir haar vreugde bring.

Op 'n ander dag is Liesl omgekrap oor iets wat Leon gedoen het. Haar stem is hard en haar stemtoon geïrriteerd. Sy sê: "Kom kyk hier ..." Dra dieselfde woorde nog steeds dieselfde boodskap en betekenis oor?

Nee, in die laaste geval wil Liesl hom eerder die leviete voorlees. Sy gebruik dieselfde woorde, maar die boodskap het 'n ander betekenis omdat haar liggaam, en veral haar stemtoon, verander het.

Soos ons reeds gesê het, word gevoelens deur die liggaam oorgedra. Deur gevoelig te wees vir lyftaal, kom jy nader aan die emosionele inhoud, die ware bedoeling van die boodskap.

'n Mens moet sensitief wees vir jou maat se unieke seine. Wat word oorgedra wanneer daar 'n byt in haar stem is, wanneer sy die meubels ywerig en driftig opvryf of wanneer hy sy vingers begin knak? Elke mens ontwikkel sprekende seine wat eie aan hom/haar is. Die persoon self weet dikwels nie eens daarvan nie en dit is goed as 'n mens dit vir mekaar kan uitwys.

Kom ons konsentreer nou op dié kardinale aspek van die kommunikasieproses.

OEFENING 1

Julle twee saam

1. Stuur elkeen 'n positiewe en daarna 'n negatiewe boodskap aan mekaar – sonder om te praat.
   Klaar die werklike betekenis van elke boodskap met jou maat uit.

2. Stuur aan jou maat 'n nieverbale boodskap wat jy telkens van hom/haar ontvang, maar waarvan jy die presiese betekenis nie altyd verstaan nie.
    Klaar die betekenis daarvan met mekaar uit.
    Deel met jou maat ook ander nieverbale boodskappe wat vir jou nog altyd onduidelik was.

Dit is belangrik om te weet hoe jou lyftaal na jou maat oorkom en hoe hy/sy dit ervaar.

Stem jou lyftaal ooreen met hoe jy self daarna kyk? As ek byvoorbeeld net my stemtoon verhoog, ervaar my dogter reeds dat ek kwaad is, terwyl ek dikwels my boodskap net met groter dringendheid wil oordra.

Julle moet sulke dinge vir mekaar uitwys.

Lyftaal gee aan die boodskap sy kleur, maar dit is belangrik dat dit met woorde bevestig moet word. As jy nét na lyftaal kyk, kan jy jou maklik op aannames en afleidings verlaat en tot verkeerde gevolgtrekkings kom.

Verloofdes sien dit dikwels as die ideaal om mekaar só "te lees" dat hulle nie eens hoef te praat nie. Jy weet egter nooit presies wat jou maat bedoel as dit nie ook met woorde verduidelik word nie. Byvoorbeeld, 'n skud van die kop of 'n hoë stemtoon kan meer as een betekenis hê. En hoe weet jy watter een reg is? Wees versigtig vir aannames.

Deurdat ons liggame tog altyd uitdrukking gee aan ons binneste, kommunikeer ons elke oomblik – met stiltes, 'n knipoog, met die toeslaan van 'n deur, met die feit dat ons sommer net daar is. Sonder woorde is ons ook in gesprek. Maar nie altyd so duidelik nie.

Botsing tussen die verbale en nieverbale boodskappe

Solank die lyftaal en woorde in harmonie met mekaar is, kry ons 'n duidelike en deursigtige boodskap. Byvoorbeeld: Iemand sê hy voel gefrustreerd en kwaad en sy liggaamshouding weerspieël dié woede. Of: Iemand voel teleurgesteld en sy wys dit met 'n teleurgestelde houding. Ons kan dan sê dat ons bedoel wat ons sê en sê wat ons bedoel. Dit is 'n eerlike of *kongruente* boodskap. (Eerlikheid beteken ook dat die totale boodskap in ooreenstemming is met die realiteit. Daar vind nie 'n doelbewuste verdraaiing van feite plaas nie.)

Onduidelikheid en verwarring ontstaan egter wanneer die boodskap *inkongruent* raak.

Hier weerspreek die lyftaal die woorde of staan in teenstelling daarmee. Met ander woorde, die nieverbale en die verbale bots. Jou maat sê byvoorbeeld met 'n aggressiewe toon en liggaamshouding: "Man, ek is nie meer kwaad vir jou nie."

Dié mens sê iets anders as wat hy/sy ervaar en bedoel. Hy/sy is oneerlik, maar nie altyd opsetlik of bewustelik nie. Die inkongruente boodskap word meestal gebruik wanneer 'n mens probeer verberg hoe jy werklik voel en nie veilig voel om eerlik en oop oor 'n saak te praat nie. Jy mislei jou maat met woorde om jou ware emosies te versteek of konflik te vermy. Jy wend die dubbelsinnigheid van 'n boodskap tot jou eie voordeel aan. As jou maat byvoorbeeld vra of jy nog kwaad is (omdat dit is wat jou lyftaal hom/haar laat verstaan), kan jy sê dat hy/sy jou "verkeerd" lees – jy het immers gesê jy is nie meer kwaad nie. Daar is altyd 'n pad uit – ontvlugting!

Hier is praktiese voorbeelde van dubbelsinnige boodskappe:

💙 Liesl sê met 'n harde, nog steeds kwaai kyk: "Jammer dat ek jou te na gekom het."

Bedoeling: Ek vra om verskoning (omdat jy dit verwag!), maar bedoel dit nie regtig nie. Ek voel my kant tel ook en ek is nie verkeerd nie.

💙 "Ek het my bes probeer" word só gestel dat dit nie geloofwaardig klink nie.

Dubbelsinnige boodskappe saai nie net verwarring nie, dit kan selfs tot onveiligheid in 'n verhouding lei. Leon sê die hele tyd dat hy Liesl baie liefhet, maar hy laat haar nooit *wanted* voel nie. Hy skeep haar af en is gedurig besig om haar te kritiseer en af te kraak. 'n Vrou sê vir haar man sy is trots op sy werksprestasie en dat hy finansieel so goed vaar, maar hy kan nóg beter doen. Wat probeer elkeen sê?

Daar is nóg vorme van onduidelike boodskappe, soos grappies maak, skimpe gooi, sarkastiese opmerkings maak, wat die reeds moeilike proses van kommunikasie nog verder kan versteur.

As jy nie eerlik kan sê hoe jy voel en dink nie, kry jou maat 'n vals prentjie en maak jy dit moeiliker om jou maat te leer ken soos hy/sy

werklik is. Dit bring ook vaagheid en onduidelikhede in julle ver-
houding met mekaar.
- Is jy bewus genoeg van jou maat se unieke en anderse leefwêreld
wanneer hy/sy belangrike dinge met jou deel?
- Neem jy meer as woorde waar wanneer jou maat iets sê?
- Sê jy werklik wat jy bedoel en bedoel jy wat jy sê?

UITEENLOPENDE KOMMUNIKATIEWE GEDRAG
Ek hoop julle het bewus geraak van die kragtige invloed van lyftaal op
al julle boodskappe. Saam met die liggaamseine kompliseer jul ge-
dragstyl ook die kommunikasieproses. Kom ons kyk wat gebeur wan-
neer Anèl, die ekspressiewe een, tot Riaan, die meer geïnhibeerde een,
toetree.

Ekspressief – geïnhibeer
Anèl kom uit 'n agtergrond waar sy geleer is dat gevoelens 'n wesen-
like deel van 'n mens is, dat sy emosies mag beleef en daaroor mag
praat. Wanneer sy opgewonde was, het sy gegil en almal vasgedruk van
vreugde. Was sy hartseer, het sy gesnik van verdriet. En wanneer sy
kwaad was, moes ander dit ontgeld.

Voor hul huwelik het sy haar emosies ter wille van Riaan, wat
beheers en geïnhibeer grootgeword het, 'n bietjie teruggehou. Nadat
hulle getroud is, het sy egter gou weer na haar ou styl teruggekeer en
haar gevoelens ten volle uitgeleef.

Wanneer Anèl hard begin lag, probeer Riaan haar demp; wanneer
sy opgewonde raak, verwag hy dat sy meer beheers moet optree; wan-
neer sy huil, staan hy magteloos en toekyk; wanneer sy kwaad word en
haar stem verhef, laat hy haar skuldig voel oor hierdie "onbetaamlike"
gedrag. Die rede hiervoor is dat haar emosies hom oorweldig en
bedreig.

Die ergste is egter dat dit 'n ernstige stremming in hul kommuni-
kasie met mekaar geword het. Haar direkte uitlewing van emosies
stoot Riaan af. Dit bedreig hom só dat hy nooit werklik na haar gevoe-
lens kan luister nie en self al hoe dieper in sy dop kruip.

Riaan se stilstuipe en die feit dat hy al minder met haar deel, frus-
treer Anèl intens. Sy voel al hoe meer magteloos en onvry om haarself
te wees – net soos hy. Albei se kommunikatiewe gedrag strem nie net
praat en luister ernstig nie, maar maak ook hul interaksie met mekaar
al hoe onnatuurliker en ongemakliker.

Emosioneel – rasioneel

Die emosionele dimensie van Leana se binneste is sterk ontwikkel. Sy tree emosioneel tot die lewe en verhoudings toe en is in voeling met haarself. Sy trou met Renier, 'n ingenieur en 'n sterk rasionele mens.

Wanneer Leana haar gevoelens teenoor Renier oopmaak, begin hy dadelik saaklik praat en verwag feitelike gegewens van haar. Wanneer sy ongelukkig voel of 'n probleem ervaar, gee hy onmiddellik 'n verklaring of oplossing daarvoor. Dit gaan sy verstand te bowe dat sy so aanhoudend oor klein dingetjies kan sanik en nie by die punt kan kom nie. Hy wens sy kan meer redelik en logies wees, want dan sal hy haar kan verstaan.

Leana voel intens gefrustreerd, magteloos, wanneer sy met hom begin gesels – sy voel uitgesluit en alleen. Hy beredeneer alles en beweeg weg van haar werklike gevoel en gee oplossings sonder dat sy enigsins daarvoor vra. Sy voel hy druk haar gevoelens dood, hy is onsensitief – en haar gevoel vir hom begin kwyn. Ook hy begin hensop.

En hoe meer intens die een persoon reageer, hoe moeiliker is dit vir die rasionele mens om by die rede uit te kom en dit te aanvaar. Die rasionele mens kan maklik blokkeer en ewe beheersd terugsein dat sy alles oordryf en selfs irrasioneel optree.

Spanning en steurnisse in die kommunikasie ontstaan verder wanneer:

♥ die een maat net oorsigtig praat, terwyl die ander een alles in detail beskryf en inkleur.

♥ die een vinnig praat en reageer, terwyl sy/haar maat op 'n slakkepas beweeg.

♥ die een spontaan is en dadelik reageer, terwyl die ander sterk berekenend is en eers dink voor hy/sy praat.

♥ die een meer direk sê hoe hy/sy voel en dink en die ander altyd op 'n indirekte wyse reageer.

GEVOELENS MOET SAAMPRAAT

Waar mense kommunikeer, in interaksie, is gevoelens altyd teenwoordig – soms onbewustelik, soms op die agtergrond, ander kere weer meer op die voorgrond. Hoe meer ons oefen om ons gevoelens op 'n gesonde manier te laat saampraat, hoe helderder kan ons boodskappe oordra en hoe gemakliker maak ons dit vir mekaar.

Die oopmaak van ons gevoelens teenoor mekaar bring ons na aan mekaar omdat ons dan ons naakte self vir mekaar gee – ons diepste hartkamers ontsluit sodat ons mekaar kan leer verstaan. Aan die ander kant bring gevoelens wat ons verberg of onderdruk nie net onduidelikheid en verwarring nie, maar ook afstand en pyn.

Om kontak te maak met jou gevoelens en om dit te kan deel, is van wesenlike belang om 'n diepte-verhouding op te bou en te ervaar.

Hoe bewus is jy van jou eie gevoelens? Kan jy dit werklik blootlê? Die volgende oefening sal jou van albei aspekte bewus maak.

OEFENING 2

Individueel en saam

Vul die vraelys eers afsonderlik in en deel dit daarna met jou maat. Sorg dat jy die instruksies bo-aan die vraelys verstaan. (Dit is net 'n keuse van 'n aantal gevoelens. As julle al jul gevoelens wou toets, sou die vraelys oneindig lank word.)

Selfbewustheid

Hier is 'n lys van gevoelens (emosies) wat die meeste mense in verskillende situasies ervaar. Die doel van die oefening is om jou te help om jou gevoelens te identifiseer en om bewus te word van hoe en in watter mate jy dié gevoelens met jou maat deel. Vir elke gevoel moet jy 'n lyn teenoor elk van die syfers 1 en 2 trek, 'n stippellyn teenoor nommer 1 in die kolom wat aandui hoe dikwels jy daarvan bewus is dat jy dié gevoel ervaar, en 'n aaneenlopende lyn teenoor nommer 2 in die kolom wat aandui hoe dikwels jy hierdie gevoel met jou maat deel – met ander woorde, in watter mate jy jou vir jou maat blootlê.

Gevoelens		nooit	soms	dikwels	Gevoelens		nooit	soms	dikwels
koppig	$\frac{1}{2}$				verras	$\frac{1}{2}$			
liefdevol	$\frac{1}{2}$				hartseer	$\frac{1}{2}$			
kwaad	$\frac{1}{2}$				opgewonde	$\frac{1}{2}$			
tevrede	$\frac{1}{2}$				beangs	$\frac{1}{2}$			
jaloers	$\frac{1}{2}$				verveeld	$\frac{1}{2}$			
teleurgesteld	$\frac{1}{2}$				trots	$\frac{1}{2}$			
dankbaar	$\frac{1}{2}$				neerslagtig	$\frac{1}{2}$			
verleë	$\frac{1}{2}$				skaam	$\frac{1}{2}$			
versigtig	$\frac{1}{2}$				eensaam	$\frac{1}{2}$			
waaghalsig	$\frac{1}{2}$				teer	$\frac{1}{2}$			
verward	$\frac{1}{2}$				bly	$\frac{1}{2}$			
angstig	$\frac{1}{2}$				skuldig	$\frac{1}{2}$			
sexy	$\frac{1}{2}$				waarderend	$\frac{1}{2}$			
gefrustreerd	$\frac{1}{2}$				gelukkig	$\frac{1}{2}$			

(Geneem uit Couples Communication – *Miller, Nunnaly & Wackman.)*

Voorbeeld:	nooit	soms	dikwels	
	1	....		(bewus wees van)
Koppig	2 ____			(blootlê)

Let op die verskil tussen **bewus wees van** en **blootlê**. Byvoorbeeld, jy voel soms koppig (bewus wees van), maar jy deel dit nooit met jou maat nie (blootlê).

Man

Gevoelens		nooit	soms	dikwels	Gevoelens		nooit	soms	dikwels
koppig	$\frac{1}{2}$				verras	$\frac{1}{2}$			
liefdevol	$\frac{1}{2}$				hartseer	$\frac{1}{2}$			
kwaad	$\frac{1}{2}$				opgewonde	$\frac{1}{2}$			
tevrede	$\frac{1}{2}$				beangs	$\frac{1}{2}$			
jaloers	$\frac{1}{2}$				verveeld	$\frac{1}{2}$			
terleurgesteld	$\frac{1}{2}$				trots	$\frac{1}{2}$			
dankbaar	$\frac{1}{2}$				neerslagtig	$\frac{1}{2}$			
verleë	$\frac{1}{2}$				skaam	$\frac{1}{2}$			
versigtig	$\frac{1}{2}$				eensaam	$\frac{1}{2}$			
waaghalsig	$\frac{1}{2}$				teer	$\frac{1}{2}$			
verward	$\frac{1}{2}$				bly	$\frac{1}{2}$			
anstig	$\frac{1}{2}$				skuldig	$\frac{1}{2}$			
sexy	$\frac{1}{2}$				waarderend	$\frac{1}{2}$			
gefrustreerd	$\frac{1}{2}$				gelukkig	$\frac{1}{2}$			

(Geneem uit Couples Communication *– Miller, Nunnaly & Wackman.)*

Opmerking

Kan jy die gevoelens wat jy dikwels ervaar ook aan jou maat openbaar?

Is dit net die positiewe of ook die negatiewe gevoelens wat jy kan deel?

Dié antwoorde sal vir jou 'n aanduiding gee hoe openhartig jy is of nie is nie. Die ideaal is natuurlik dat jy die gevoelens wat jy in 'n vertrouensverhouding ervaar en wat jou intens raak, ook moet kan deel.

Oefen om jou gevoelens te deel wanneer jy dit beleef en stuur kongruente boodskappe uit.

Om in kontak te wees met jou gevoelens, beteken nie om ooremosioneel te leef en op te tree nie. Die ooremosionele mens leef alles impulsief uit sonder om helder te dink of gevoelig vir sy/haar maat te wees. Die mens wat egter in noue kontak met sy/haar gevoelens is, reageer die teenoorgestelde.

Gevoelens dring hulself aan ons op; ons mag maar gevoelens ervaar. Gevoelens is nie noodwendig reg of verkeerd nie en kan meestal nie ingrypend verander of weggedink word nie. Maar wat ons veral moet onthou, is dat as ons nie natuurlik met iemand oor ons gevoelens kan praat nie, ons dit net verplaas na die onbewuste waar dit baie skade kan aanrig.

Die ou emosionele rolvoorskrifte vir man en vrou het meegebring dat hulle mekaar nie op dieselfde golflengte ontmoet nie. Dit het veroorsaak dat hulle onnodig seerkry en hulle weerhou om mekaar werklik grondig te leer ken en te verstaan. Soms soek 'n vrou net begrip vir haar gevoelens en dan het die man 'n rasionele antwoord of bied selfs 'n oplossing vir haar gevoel aan – terwyl dit allermins is wat sy op daardie oomblik wil hê!

Kom ons kyk hoe maklik 'n man by sy vrou kan verbypraat en die gevoelens wat sy intens beleef, ontken.

Die vrou sê: "Ek voel vandag so gefrustreerd; die kinders put my uit."

Hy antwoord: "Dit is onnodig dat die kinders jou so rondgooi en frustreer."

Deur te sê dat sy nie so moet voel nie, verhoog hy haar frustrasie. Hy ontken dat sy sulke gevoelens mag hê – en tog het sy dit!

Gevoelens praat altyd saam!

GOEIE KOMMUNIKASIE MOET AANGELEER WORD

Niemand word gebore as 'n spontane, goeie kommunikeerder nie. Dit bly makliker om op jouself ingestel te wees as op 'n ander. Gelukkig kan 'n mens wel met 'n gesindheid van liefde en die nodige motivering en harde werk leer. Waar kan jy begin?

❤ Kyk meer krities na die dinge wat die kommunikasie in jou interaksie bemoeilik en blokkeer. Identifiseer jou gebreke en tekortkominge – wees gewillig om aan elkeen te werk – ook aan dit wat verder sal ontvou.

❤ Praat doelbewus oor dié dinge wat werklik belangrik is en tot verdieping in jul verhouding kan lei. Die verskillende oefeninge in dié boek kan nuwe dimensies laat ontvou.

❤ Wees eerlik met jouself en jou maat. Moenie bang wees om jou gevoelens te deel nie.

❤ Maak tyd, soek geleenthede vir oop gesprek. Daarsonder kan jy niks bereik nie.

❤ Oefen sekere vaardighede tot jy dit bemeester – volhard!

Is jy gewillig om jou kragte en tyd hiervoor in te span?

In hoofstuk 5 sal ons konsentreer op *luister* en *praat*. Ek sal sekere oefeninge gee om julle bewus te maak van jul gebreke; ander sal julle help om belangrike vaardighede te oefen.

As jy werklik jou maat wil leer ken en verstaan, is dit soos 'n lewenslange ontdekkingsreis in 'n grot – hoe dieper jy ingaan, hoe aanlokliker en uitdagender word die kamers en hoe sterker word die begeerte om meer te verstaan van die grot se diepste geheimenisse.

HOOFSTUK 5
Luister en praat

LUISTER

♥ Die manier waarop jy luister, bepaal of jou maat sy/haar hart vir jou sal oopmaak of toesluit.

♥ Luister vra dat jy sal hoor wat jou maat werklik sê, dat jy sy/haar gevoelens ernstig sal opneem, sodat hy/sy nie bang sal wees om oop en eerlik met jou te wees nie.

♥ Hoe jy luister, bepaal of jy jou maat se beleweniswêreld, sy/haar werklikheid kan raaksien en begryp.

♥ Luister vra dat jy jou maat se uniekheid en andersheid sal probeer verstaan en hom/haar die ruimte daarvoor sal gee.

LUISTER IS DIE BEGINPUNT

As jy jou O R E ten volle gebruik en onbevange
vir jou maat oopstel, sal hy/sy ...
O penlik
R eguit en
E erlik kan praat.

In my seminare doen ek dikwels 'n oefening waarin ek 'n luisteraar vra om oogkontak te verbreek met 'n persoon wat 'n storie vertel en om 'n ongeïnteresseerde liggaamshouding in te neem.

Wat gebeur? Die spreker openbaar elemente van die volgende gedrag:

♥ hy/sy maak appèl op die hoorder en sê: "Luister na my!";

♥ begin stotter om die draad van die storie te behou;

♥ kan nie verder praat nie;

♥ voel gefrustreerd en aggressief, of

♥ trek heeltemal terug.

Die gevolgtrekking? Alle mense ervaar op die een of ander manier pyn en verwerping wanneer dít wat hulle vertel, nie ernstig opgeneem word nie.

'n Vrou wat haar man daarvan beskuldig dat hy in sy dop kruip, het eenkeer by my kom raad vra. "Hoe kan ek kommunikeer as my man nooit sê hoe hy voel en dink nie?" Toe haar man vir my vertel dat sy vrou net altyd praat en praat en nooit bereid is om na hom te luister nie, was dit duidelik waarom sy self een van die grootste redes vir sy swygsaamheid was. Sy kon nie met oorgawe luister nie en was doof vir sy gevoelens en behoeftes. Dan kan 'n mens ook beter verstaan waarom dié man 'n oor by sy sekretaresse gaan soek het.

Luister is 'n bewys van jou liefde, omdat dit jou instel op jou maat en jou in sy/haar plek verplaas.

WAT IS LUISTER?

Luister het te doen met twee werklikhede, jou eie en jou maat s'n. Elkeen van ons kyk na die lewe en interpreteer dinge vanuit ons eie verwysingsraamwerk.

Hoë-aktiwiteitsmense kyk uit hul "aktiwiteits"raamwerk na hul maat en verstaan moeilik waarom hy/sy so passief is en byna niks doen nie. Iemand met 'n rasionele raamwerk kan weer nie verstaan waarom sy/haar maat so emosioneel reageer op dinge wat vir hom/haar klein en onbelangrik is nie.

Dit bly een van die moeilikste dinge in die lewe om jou te verplaas in 'n teenoorgestelde raamwerk, 'n teenoorgestelde manier van doen, veral wanneer dit jou bedreig of negatief stem.

Om te luister beteken dat jy met jou hele hart probeer verstaan wat jou maat met woorde, gebare en houding aan jou probeer sê. Jy moet as 't ware in jou maat se skoene gaan staan, jou tot in sy/haar werklikheid verplaas.

Luister beteken nie dat jy maar net hoor wat jou maat sê nie, maar dat jy die ware betekenis van sy/haar woorde en werklikheid op jou laat inwerk, dat jy *sy/haar gevoelens ernstig opneem voordat jy reageer.* Wat vir jou maat belangrik is, moet ook vir jou gewig dra.

Meestal reageer jy voordat jy geluister het, omdat iets in jou vashaak of die boodskap iets by jou aktiveer.

Kom ons kyk weer na die voorbeeld van Liesl en Leon.

Liesl kuier by haar ouers en Leon vat liggies aan haar been. Sy voel dadelik ongemaklik, want haar ouers is baie preuts. Sag en vriendelik maar tog dringend fluister sy: "Leon, moet liewer nie nou aan my vat nie."

Wat is Liesl se verbale boodskap? 'n Versoek om nou haar been te los.

Wat is haar nieverbale boodskap? Sy voel ongemaklik wanneer hy aan haar been vat voor haar streng ouers.

Leon kan in hierdie boodskap verwerping beleef ("Ek wil nie hê jy moet aan my vat nie") en daarop reageer (verwytend en seergemaak) met: "Goed. Ek sal jou los." En dadelik is daar 'n misverstand.

As Leon werklik oop en sensitief vir haar gevoelens is (en nie sy eie vooropstel nie), kan hy net sy hand terugtrek sonder om self sleg te voel of haar te verwyt.

Luister vereis dat jy jou maat se boodskap eers ernstig sal opneem en probeer verstaan, voordat jy uit jou raamwerk reageer.

WAT LUISTER NIÉ IS NIE

Vra jou af of jy nie miskien op een van die volgende maniere luister nie. Al dié gevalle openbaar 'n vorm van "doofheid" vir die gevoelens en behoeftes van jou maat.

- ❤ Jy is nie oop en ontvanklik of gereed om jou maat se boodskap te hoor nie.
- ❤ Jy formuleer jou eie antwoord terwyl jou maat praat. Jou eie agenda is op die voorgrond.
- ❤ Jy val jou maat in die rede om in te spring met jóú kant van die saak.
- ❤ Jy stel vrae wat die werklike gesprek steur. Jou vrae speel nie in op jou maat se storie nie, maar het betrekking op jou eie behoeftes en nuuskierigheid.
- ❤ Jy interpreteer, wat maklik gebeur. Jy kleur die boodskap met jou eie gevolgtrekkings of selfs afleidings.
- ❤ Jy beoordeel en veroordeel wat jou maat sê. Jy staan krities, speel regter.
- ❤ Jy twyfel of jou maat iets werklik bedoel het en aanvaar nie sy/haar goedertrou van wat gesê is nie.
- ❤ Jy "lees" jou maat se gedagtes en neem aan jy weet (vooraf) hoe hy/sy voel (*mind-reading*).
- ❤ Jy gee raad of bied 'n oplossing aan wat nie gevra word nie.

Mense wat baie rasioneel is of wat onveilig voel wanneer hul gespreksgenoot te veel emosies oorsein, hou daarvan om raad te gee of oplossings aan te bied. Mans bedoel dit dikwels goed omdat hulle op dié manier wil help en die gesprek van hul eie bedreigdheid wil wegstuur. Dit bevredig egter nie en kan nóg meer emosies ontketen. Hier is 'n oulike gedig oor wat luister is en nié is nie:

Listen

When I ask you to listen to me and you start giving advice, you're not doing what I ask.

When I ask you to listen to me and you begin to tell me why I shouldn't feel that way, you are trampling on my feelings.

When I ask you to listen to me and you feel you have to do something to solve my problem, you fail me, strange as that may seem.

Listen! All that I ask, is that you listen, not talk or do – just hear me.

Advice is cheap; a few cents will get you both Dear Abby and Billy Graham in the same newspaper.

And I can do that for myself; I'm not helpless.

Maybe discouraged and faltering, but not helpless.

When you do something for me that I can and need to do for myself, you contribute to my fear and weakness.

But when you accept as a simple fact that I feel no matter how irrational, then I can quit trying to convince you and get about the business of understanding what's behind this irrational feeling. And when that's clear the answers are obvious and I don't need advice.

Irrational feelings make sense when we understand what's behind them.

Perhaps that's why prayer works sometimes for some people.

Because God is mute and He doesn't give advice or try to fix things.

He just listens and lets you work it out for yourself. So please listen and just hear me.

And if you want to talk, wait a minute for your turn, and I'll listen to you.

Anonymous

Luister en *hoor* wat jou maat sê.

STAPPE IN DIE LUISTERPROSES

Om duideliker te sien waaroor luister gaan en om aan julle manier van luister te werk, gaan ek die proses in stappe verdeel. Dié stappe vloei voortdurend in mekaar en dien slegs as 'n hulpmiddel.

Gee jou volle aandag

Wanneer jy luister, stel jy jou in op jou maat – sy/haar gedagtes, gevoelens en behoeftes. Jou maat word die middelpunt en daarom probeer jy jou eie belange eers op die agtergrond skuif.

Jy moet "teenwoordig" wees, veral met jou oë, jou liggaam, maar ook met jou ore. Jy moet met groot sensitiwiteit probeer hoor wat jou maat sê en wat hy/sy bedoel.

Jou maat sal jou aandag kan waarneem in jou oogkontak, in jou liggaam wat jou maat se boodskap op sy eie manier sal ontvang en reflekteer. As jou maat byvoorbeeld bly en opgewonde voel, sal jou lyftaal ook vreugde weerspieël.

Om behoorlik aandag te kan gee, is dit nodig dat jou maat op die regte tyd en plek met jou sal praat – nie wanneer jy met iets anders besig is of in jou eie probleme vasgevang is nie.

Rapporteer die boodskap terug

Dit is belangrik om te toets of jy reg gehoor het voordat jy reageer. Dít is van besondere belang wanneer kommunikasie gevoelige snare raak. Een van die kernprobleme, veral in konflik, is dat dít wat mense werklik bedoel, moeilik reg gehoor word omdat woede of gekrenktheid bedreigend is en ons ore laat toeslaan. Jy "fokus" op wat jy wil hoor (gewoonlik die negatiewe), jy hoor iets anders en verstaan jou maat verkeerd. Die ware betekenis gaan by jou verby.

Dit raak nóg gevoeliger wanneer jy jou maat bevraagteken, wanneer jy twyfel of hy/sy iets werklik so bedoel. Dit is altyd belangrik om mekaar se bona fide te aanvaar, mekaar te vertrou.

Reg hoor is nooit vanselfsprekend nie, soos hierdie skrywer sê:

> *Ek weet dat jy dink dat*
> *jy verstaan wat ek sê,*
> *maar wat jy gehoor het,*
> *is nie wat ek bedoel het nie.*
>
> Anoniem.

"Ek het dit nie só bedoel nie" is 'n alledaagse sin vir baie pare. As ons liewer 'n bietjie veiliger speel en betyds seker maak of ons ons maats reg verstaan, sal ons baie misverstande en onnodige wrywing uitskakel.

Oefen om meer gereeld terugvoering te gee. Sê vir mekaar: "Ek hoor dat jy dít sê ..." voordat jy sommer reageer.

Dit is natuurlik onnodig om alle boodskappe terug te rapporteer, maar dis belangrik wanneer jy enigsins twyfel oor wat jou maat bedoel, veral in sensitiewe situasies.

OEFENING 1

Julle twee saam

Word bewus van hoe fyn jy luister. Gee in 'n persoonlike gesprek met jou maat 'n paar keer doelbewus terugvoering van dít wat jy hoor. Sê vir hom/haar: "Hoor ek jou reg? Sê jy ...?"

Die volgende oefening bou voort op oefening 1. Dit is 'n belangrike luisteroefening wat waardevol is wanneer julle oor sensitiewe sake gesels. Pas dit in enige konfliksituasie toe en julle sal verbaas wees oor die resultate! Dit sal help om "doofheid" uit te skakel, maar ook om kontrole te bring wanneer jy nog kwaad is.

OEFENING 2

Julle twee saam

Hierdie oefening mag aanvanklik omslagtig lyk, maar hoe gevoeliger die saak is wat julle bespreek, hoe meer help dié oefening in terugvoering om jou te rig op jou maat en werklik te luister voordat jy antwoord.

Die vrou praat eerste en die man luister. Dan gee hy terugvoering – en as hy goed geluister het, sal sy terugvoering haar tevrede stel.

Die vrou word dan weer die luisteraar en gee op dieselfde manier terugvoering.

Man sê: "Ek hoor jou sê ..."

Gee veral gevoelens weer.

Eers as jou maat bevestig het dat jy haar reg gehoor het, mag jy verder gaan. As sy haar kop ontkennend skud, moet jy weer probeer, totdat sy tevrede is met jou terugvoering. Soms is dit nodig dat sy jou sal help deur die boodskap te herhaal – maar nie te gou nie. Jy mag haar eers antwoord wanneer jy haar boodskap goed verstaan en op jou laat inwerk het.

Man antwoord: "Hierop wil ek antwoord ..."

Die vrou word nou weer die luisteraar en gee op dieselfde manier terugvoering.

Vrou sê: "Ek hoor jou sê ..."

Gee veral gevoelens weer.
Eers wanneer hy tevrede is, mag jy antwoord.

Vrou antwoord: "Hierop wil ek antwoord ..."

Só word die dialoog voortgesit tot julle mekaar vind.

Baie belangrik: Praat in kort sinne. Moenie omslagtig wees nie.

Opmerking

Julle dink dalk dat hierdie oefening te herhalend is, maar ek verseker julle dat dit baie misverstande gaan uitskakel.

Erken (reflekteer) gevoelens

Dié stap en die vorige een vloei feitlik ineen (soos julle uit die voorafgaande oefening kan aflei). Ek behandel dit egter afsonderlik omdat ons so maklik verby 'n ander se gevoelens praat of dit selfs ontken, met ander woorde, ons sê dat hy/sy nie só mag of kan voel nie.

Al lyk jou maat se gevoelens vir jou belaglik, is dit vir hom/haar 'n groot werklikheid – iets wat hy/sy nie sommer kan verander nie. Jy kan dit nie ligtelik opneem of bo-oor hierdie gevoelens praat nie. Jy moet op 'n sensitiewe wyse erkenning gee aan hierdie gevoelens. Die sielkundiges praat van *reflektering*: Jy weerkaats jou maat se gevoelens (bedekte sowel as onbedekte gevoelens), sodat hy/sy ervaar dat sy/haar gevoelens aanvaar word. Dit werk nie alleen baie ondersteunend nie, maar maak ook jou maat bereid om verder oop te maak.

Kom ek gee 'n voorbeeld:

Liesl sê: "Ek het vandag baie frustrasies by my werk gehad."
Leon vra: "Vertel my 'n bietjie meer." Of: "Wat het jou so gefrustreerd laat voel?"

Hier reflekteer hy haar gevoel van frustrasie en lei haar om hom meer daarvan te vertel.

Dit is belangrik om woorde wat gevoelswaarde het te gebruik en oop vrae te stel wat jou maat uitlok om verder oor sy/haar gevoelens te praat. Byvoorbeeld: "Wat laat jou so voel?" Of: "Wanneer het jy so begin voel?"

Dit is van kardinale belang om *jou maat se gevoelens ernstig op te neem* en op jou te laat inwerk. Moet dit nooit veroordeel of afmaak nie.

Verstaan gevoelens

Verstaan beteken as 't ware om in 'n ander se beleweniswêreld in te stap, om deur jou maat se oë of bril na dinge te kyk. Jy is in staat tot begrip omdat jy as mens dikwels soortgelyke belewenisse en gevoelens ervaar.

Soos in die vorige stap, is dit belangrik om hier te sê wat jy verstaan. Om net vaag en algemeen op te merk: "Ek verstaan," het al 'n cliché geword. Leon sê in die vorige voorbeeld: "Ek verstaan jou geweldige frustrasie."

Noem jou gevoelens by die naam: "Ek is jammer dat jy soveel pyn ervaar ... dat jy so swaar kry ... dat jy gebelgd voel," ensovoorts.

Wanneer ons mekaar se gevoelens begryp, sal ons mekaar van binne-af verstaan.

Aanvaar gevoelens

Uit verstaan behoort aanvaarding te vloei. Jy gun jou maat ruimte om so te voel en te wees, al voel jy self anders. Om jou maat se gevoelens te aanvaar, beteken nie dat jy vir sy/haar gevoelens verantwoordelikheid aanvaar nie – elkeen moet die verantwoordelikheid vir sy/haar eie gevoelens alleen dra.

Hoe goed luister jy? En jou maat?

OEFENING 3

Individueel

Evalueer jou eie vermoë en ook jou maat se vermoë om te luister deur 'n punt uit 10 te gee.

Man

		Ek	Jy
1.	Bereidheid om te luister; 'n oop houding en genoeg tyd.		
2.	Volle aandag gee: veral oogkontak – betrokkenheid.		
3.	Seker maak of die bedoeling reg verstaan word (terugrapporteer).		
4.	Erkenning gee aan gevoelens – ook negatiewe gevoelens.		
5.	Ware begrip toon.		
6.	Aanvaarding van maat se gevoelens.		

Vrou

		Ek	Jy
1.	Bereidheid om te luister; 'n oop houding en genoeg tyd.		
2.	Volle aandag gee: veral oogkontak – betrokkenheid.		
3.	Seker maak of die bedoeling reg verstaan word (terugrapporteer).		
4.	Erkenning gee aan gevoelens – ook negatiewe gevoelens.		

5. Ware begrip.
6. Aanvaarding van maat se gevoelens.

Julle twee saam

Bespreek dié puntetellings met mekaar en belowe jou maat dat jy sal konsentreer op jou swakker punte wat hier uitgewys is.
Help en ondersteun mekaar hierin.

LUISTER – DIE VERSKIL

As jy werklik gevoelig raak vir jou maat gaan woorde soos: "Jy oorreageer," of: "Jy maak 'n *issue* van alles" al hoe skaarser raak. Luister voorkom vele foutiewe aannames en onnodige misverstande, ontlont potensieel moeilike situasies en bring 'n positiewe reaksie en interaksie teweeg. Meer nog, dit sluit die poorte tot mekaar se harte oop. As jy werklik met oorgawe luister, sal jou maat (ook al is hy/sy meer terughoudend) bereid wees om sy/haar binneste oop te stel sodat julle openhartig kan praat.

PRAAT

- Praat beteken om openhartig te wees.
- Openhartigheid vra dat jy jou skanse en verdedigings laat sak sodat jy nakend, soos jy is, teenoor jou maat staan.
- Om openhartig te praat vereis dus dat jy dié dinge wat jy binne beleef, ook die negatiewe gevoelens, met jou maat sal deel.
- Om te deel vra vertroue in mekaar se opregte bedoelings.

WEES GEREED OM TE PRAAT

In sy/haar diepste wese het elke mens die behoefte om regtig te deel en uit te praat – ook dié wat hul gevoelens moeiliker deel. Mense wat sterker ekstrovert is, gee makliker en gouer uiting aan dit wat hulle daagliks ervaar – al kan hulle dinge ook goed vir hulself hou. Mense wat oorwegend introvert is, worstel langer met hulle eie gevoelens en wil eers dinge vir hulself uitmaak voor hulle bereid is om hul binneste te deel.

In 'n huwelik gebeur dit dikwels dat die een persoon ekstrovert en die ander introvert is. Die een wat makliker praat, verwag dat die ander een sy/haar gevoelens net so gemaklik en openlik moet deel. Maar laasgenoemde voel makliker bedreig deur die eis om gou oop te maak en trek dan juis terug.

Dit is vir die meeste mense moeilik om oop te maak, want deur jou kwesbare kant te wys, gee jy jou maat as 't ware mag oor jou. Jou maat kan wat jy wys, glad nie verstaan nie en teen jou gebruik en jy kan seerkry. Hoe dieper die pyn en seer gevoelens lê, hoe moeiliker is dit om dit uit die grot tot in die lig te bring.

Praat kan nooit geforseer of afgedwing word nie. Jy moet veilig voel en genoeg vertroue hê om oop te maak. Jy wil gereed voel om te praat. Jou maat moet die regte afmosfeer en 'n gevoel van veiligheid skep voordat jy die vrymoedigheid het om te deel. Hy/sy moet sensitief vir jou wees en jou nie aanval nie. Jou maat moet jou gevoelens kan erken en probeer verstaan. Dan kan jy jou aan hom/haar toevertrou, kan jy eerlik en reguit wees.

Maak dit vir jou maat 'n bietjie makliker deur iets meer van jou eie gereedheid met hom/haar te deel.

OEFENING 4

Individueel

Voltooi die volgende sinne in jou oefeningboek:

1. Ek voel veilig om met jou te deel (my hart vir jou oop te maak) wanneer ....

2. Ek verberg my gevoelens vir jou wanneer ....
   ....

3. Jy kan .... om my veiliger te laat voel wanneer ek wil oopmaak.

Julle twee saam

Deel jul antwoorde op hierdie vrae met mekaar en raak werklik gevoelig vir mekaar se bereidheid om te praat.

PRAAT OOR JOUSELF

Dit is maklik om oor koeitjies en kalfies te praat, maar moeiliker om te praat oor dinge wat jou persoonlik en intens raak. Dit is moeilik om jou verlangens en behoeftes, jou vrese en drome oor te dra. Dit is nog moeiliker om jou negatiewe gevoelens teenoor jou maat te ontbloot. Jy moet egter praat sodat jou maat jou kan leer ken en verstaan. En hoe groter jy die venster van jou hart oopmaak, hoe meer kan jou maat sien hoe jy van binne lyk; hoe jy dink, voel en wat jy graag wil hê. Jou maat sal ook ontdek hoe sy/haar gedrag jou beïnvloed omdat jy so anders as hy/sy opereer.

Dit sal jou maat in staat stel om te weet waar hy/sy met jou staan en die interaksie vergemaklik. Dit sal lei tot groter duidelikheid in julle verhouding.

Wanneer jou maat byvoorbeeld weet waar in jul verhouding jy seerkry, kan hy/sy dit regstel. Anders kan die seerkry 'n lang tyd onwetend en onbedoeld voortduur. Wanneer jou maat weet watter gedrag jou skuur en skaaf, kan julle saampraat en besluit hoe om dit reg te stel.

Hoe kan jou maat weet wat jy graag wil hê as jy dit nie vir hom/haar sê nie? Hoe kan julle groei as jou maat nie weet hoe jy voel nie? Hoe kan julle jul verskille ontdek as jy nie die skaafplekke blootlê nie?

Baie pare is bang om hul gevoelens en behoeftes te deel en dink selfs dat dit nadelig kan wees vir hulle en die verhouding. Dan gebruik hulle argumente soos:

- ❤ My maat sal tog nie verstaan nie.
- ❤ My maat sal my swakhede en tekortkominge ontdek.
- ❤ My maat sal my gevoelens dalk nie aanvaar nie – selfs verwerp. (Ek sal pyn ervaar.)
- ❤ Ek kan jou miskien seermaak. Jy mag dit as kritiek ervaar. (Jy sal pyn ervaar.)

77

💜 My gevoelens sal moontlik ander gevoelens uitlok en tot konfrontasie lei. (Ons sal pyn ervaar.)

💜 Sal ons mekaar nog net so liefhê? Sal dit nie verwydering bring nie?

Om werklik oop te maak is moeilik en veroorsaak dikwels pyn. 'n Gevoeligheid in die verhouding maak ook (noodwendig) seer, maar dit word nóg seerder as ons dit nie uitklaar nie.

Maar wanneer ons reg kommunikeer, wen ons en kan ons groei, omdat

💜 ons in staat gestel word om mekaar beter te leer ken en te verstaan;

💜 daar groter duidelikheid in ons interaksie kom;

💜 ons in staat gestel word om gevoelige areas op te klaar, saam ooreenkomste te sluit sodat ons gevoeliger kan saamleef, en

💜 ons in maatskap en kameraadskap kan saamleef en in diepte groei en verryk raak.

Deur die seerkry groei ons nader aan mekaar – mense wat albei broos en kwesbaar is. Deur ons naaktheid kom daar nabyheid.

In die huwelik moet ons onsself kan gee – soos ons is. Die Bybel versterk ook hierdie gedagte. In Genesis staan daar: "Hulle twee, die mens en sy vrou, was kaal, maar hulle was nie skaam nie." Dié naaktheid het 'n fisieke maar ook 'n psigiese betekenis – daar was geen skanse of maskers nie, hulle was nie bedek nie. Ons moet onbedek voor mekaar kan staan.

Praat jy oor jouself en jul verhouding? Is jy bereid om naak voor jou maat te staan?

Kom ons begin en ontdek hoe lekker dit is om werklik met mekaar te deel.

OEFENING 5

Individueel

Voltooi die volgende sinne met eerlikheid en opregtheid in jou oefeningboek:

1. Ek voel die gouste gefrustreerd wanneer ...
2. Ek voel die maklikste seergemaak wanneer jy ...

3. Gevoelens wat ek moeilik deel, is ...
4. Ek is in ons verhouding bang vir ...
5. My behoeftes is dat jy my ... (Noem 'n aantal persoonlike en verhoudingsbehoeftes.)

Julle twee saam

Deel jul antwoorde op dié vrae met mekaar. Laat die een eers praat terwyl die ander een aandagtig luister. Ruil daarna om.

Opmerking

Kan julle voel dat dit 'n dieper dimensie in jul verhouding bring? Ontbloting bring nabyheid.

VERSKILLENDE PRAATSTYLE
Ek wil 'n paar maniere van praat uitlig en van mekaar onderskei. Die fokus en klem in die afdeling val egter op *die gevoelstyl*.

Die sosiale styl
Dit is 'n vriendelike en ontspanne kuierstyl. Die doel van dié styl is om ontspanne, aangenaam en gesellig saam met ander te verkeer. Daar is geen drang om dinge te beïnvloed of om iets te laat gebeur nie.

Dié styl word egter beperk deurdat dit *oppervlakkig* bly en nie 'n diepgaande verhouding kan bou nie. Baie huwelike steek by dié styl vas. Die lewe is so besig en gejaag dat dit te veel inspanning vra om meer van onsself te gee, om op 'n dieper vlak te kommunikeer. Die sosiale styl is gevaarlik in dié sin dat dit die huwelikslewe kan laat vervlak.

Die beherende styl
Ons gebruik dit wanneer ons dinge wil laat gebeur of verander. Dié styl hou verband met ons behoefte wanneer ons kies om in beheer te wees – dikwels negatief.

Dié styl kan in twee onderafdelings verdeel word:
♥ die ligte beherende styl en
♥ die kritiese styl.

Die ligte beherende styl

Dit word veral gebruik om bevele, instruksies of raad te gee in 'n relatief spanningsvrye situasie. 'n Ma verbied haar kind om lekkers voor ete te eet, die man gee vir sy vrou raad, ensovoorts. Die bedoeling hier is om gewettigde gesag goed en gesond uit te oefen.

Die kritiese styl

Hierdie styl verskil van die ligte beherende styl in dié sin dat daar op 'n negatiewe manier druk op 'n maat geplaas word om te verander. Dit geskied meestal in 'n gevoelige situasie, soos 'n rusie, wanneer negatiewe gevoelens en spanning opbou of hoogloop.

Die doel van hierdie styl is om te beheer, fout te vind, te domineer en selfs seer te maak deur aanvalle, beskuldigings en kritiek. Meestal word die blaam op die maat geplaas, met woorde soos: "Jy is al weer laat" of: "Jy doen nooit wat ek vra nie" (jy-boodskappe). Die woeder maak hom/haar veral hieraan skuldig.

Wanneer ons dié styl gereeld in 'n huwelik gebruik, breek ons mekaar se selfwaarde en die kommunikasie tussen ons al hoe meer af en ontlok verdere konflik.

Natuurlik moet ons kan praat en kan stoom afblaas oor dié dinge wat ons ongelukkig maak, maar nie op so 'n kritiese manier nie.

Die rasionele of ondersoekende styl

Ons gebruik hierdie styl in 'n groot deel van ons kommunikasie. Oral waar ons besig is met ondersoek, verklaring, besinning, beplanning, reëlings tref en besluite neem, kommunikeer ons in die rasionele styl. Ons rede stel ons in staat om helderheid te kry oor baie aspekte van ons interaksie en bestaan.

Dié styl is ook nodig wanneer ons oor dinge moet besluit en ooreenkom. Dan is dit noodsaaklik om redelik en realisties te wees. Om so te wees moet ons egter vooraf by mekaar se gevoelens uitkom en stilstaan (sien hfst 6). Hier ontstaan dikwels 'n kortsluiting tussen man en vrou. Sy soek nog na begrip en ondersteuning vir haar gekweste of ander gevoelens, terwyl hy al by die oplossings is – wat sy natuurlik summier afwys.

Mans bevind hulle dikwels onbewustelik en onwillekeurig in so 'n situasie omdat hulle meer rasioneel en op die oplos van probleme ingestel is en bedreig voel om te lank by die emosionele stil te staan.

Vroue moet hierdie ingesteldheid probeer verstaan en waak teen oor-emosionele woorde en reaksies.

Die rasionele styl is baie belangrik, want al ons onderhandelinge en besluitneming geskied in hierdie styl. Dit het egter beperkings ten opsigte van ware oopmaak en begrip. Die emosionele styl is nodig om 'n intieme verhouding op te bou.

Die emosionele of gevoelstyl

Dié styl fokus op die mens self en help om werklik uitdrukking aan jou binneste te gee. Dit sentreer rondom wat jy hier en nou voel, of dit nou positief of negatief is.

Dit is 'n direkte, duidelike manier om met jou maat te deel sonder om aan te val of te verdedig (soos in die kritiese styl) en dit word meestal oorgedra in die vorm van ek-boodskappe.

Die emosionele gesprekstyl kan in verskillende situasies gebruik word wanneer:

❤ die een of ander ongelukkigheid of irritasie in die interaksie bestaan: "**Ek voel** steeds ongelukkig oor gister se argument en het 'n behoefte om weer naby aan jou te voel."

❤ dinge verander wat reeds gevoelig is: "**Ek voel** gefrustreerd omdat jy nou twee weke lank moet weggaan."

❤ daar nie aan verwagtings voldoen is nie: "**Ek is** omgekrap omdat jy nog nie die besprekings vir ons vakansie gedoen het nie – en die tyd raak nou min."

❤ jy 'n verwagting of behoefte wil oordra: "**Ek het** 'n behoefte daaraan om meer tyd saam met jou deur te bring."

❤ jy sommer voel om jou hart oop te maak.

Wanneer jy jou oopstel in die emosionele styl, is dit belangrik om ver-antwoordelikheid te aanvaar vir jou eie gevoelens en dit só gekon-troleer uit te spel dat dit jou maat nie bedreig of seergemaak laat voel nie.

Maar voordat ons dieper kyk na die regte gebruik van dié styl, wil ek julle eers bewus maak van hoe julle dikwels agter gevoelens skuil.

DIE WEGSTEEK VAN GEVOELENS

Mense wat nooit geleer het om met gevoelens om te gaan nie, wys moeilik hul weerlose kant. Hulle het 'n inherente vrees om hul gevoelens te wys. As hulle daarby nog verkeerd verstaan word, word dié vrees versterk en kruip hulle diep in hul dop.

Kom ons kyk na 'n paar maniere waarop iemand sy/haar ware gevoelens (en behoeftes) verberg:

- ❤ *Oordrewe inskiklikheid (pleasing)*. In ons kultuur is dít nogal 'n probleem. Sommige mans is bang om te verskil en die rus en vrede te versteur. Baie vroue is weer geprogrammeer om die minste te wees. Hierdie mense wil altyd almal behaag en gelukkig en tevrede hou. Hul antennas is meer ingestel op ander as op hulself. Dus sien hulle om na ander se behoeftes ten koste van hul eie. Hoe langer hulle dit doen, hoe meer gefrustreerd, ongelukkig en onverge- noegd raak hulle. Probeer hulle dan om hulself te laat geld, verloor hulle hul beeld as *nice guy* en begin maar weer *please*. Daar bestaan by sulke mense 'n onvermoë om hulself te laat geld en hul gevoelens en behoeftes op die tafel te sit.
- ❤ *Skuldverplasing*. Mense wat dít doen, soek die fout by hul maat en beskuldig en kritiseer die ander een. So kan hulle hul eie foute, tekortkominge en gevoel van ontoereikendheid verberg deur eerder op die maat s'n te konsentreer. Dit dui op 'n onvermoë om op 'n volwasse manier verantwoordelikheid vir hul eie gevoelens te aanvaar en hul aandeel in die konflik te erken.
- ❤ *Oordrewe superrasionele optrede*. 'n Mens kan lekker agter 'n uiterlik koel, beredeneerde antwoord wegkruip. Leon is baie omgekrap omdat sy hoof by die werk hom berispe het. Hy sê vir sy vrou: "Ek begin agterkom my hoof is 'n paranoïese mens; ek sal moet uitwerk hoe ek hom kan hanteer."

  Dié rasionele stelling is 'n masker vir sy ware gevoel van ontsteltenis. Veral mans probeer elke situasie analiseer en verklaar sonder om by hul ware gevoelens uit te kom.
- ❤ *Ontwyking*. So 'n persoon ontwyk 'n emosionele situasie deur op 'n kritieke tyd op iets anders te konsentreer. Wanneer enige saak te gevoelig raak, sal sy sommer sê: "My TV–program begin nou." Of hy sal sê: "Nou moet ek agter daardie rekenaar gaan sit." Hulle hardoop as 't ware weg omdat hulle innerlik bedreig voel.
- ❤ *Maak 'n grap daarvan* (al dra dit sterk gevoelens). 'n Jongman moet vir 'n tyd lank weggaan en neem afskeid van sy geliefde. Om sy hartseer te onderdruk, maak hy grappe.

  Daar is heelwat pare wat al skertsend vir mekaar wegkruip. Agter dié tergery word 'n sensitiewe gevoel dikwels verberg.

Humor en saamlag moet 'n belangrike plek inneem, maar nie om wegkruipertjie te speel nie.

Wanneer 'n mens jou ware gevoelens wegsteek, gee dit maklik aanleiding tot dubbele boodskappe wat luister in die wiele ry. Waar verberg jy jou gevoelens? Hoe en wanneer doen jy dit?

Wanneer jy jou gevoelens verberg, veroorsaak dit dat daar nie gesonde uitlaatkleppe vir jou gevoelens bestaan nie. Gevoelens kan nie in die niet verdwyn nie. Dit krop op en is soos stoom wat in 'n geslote ruimte opbou. Wanneer die druk te hoog raak, is daar 'n ontploffing. Al die klein irritasies en frustrasies wat opbou, kan tot 'n geweldige ontploffing lei en jy kan beheer verloor. En dán word groot skade aangerig.

Wanneer jy jou gevoelens nie natuurlik tot uiting kan laat kom nie, benadeel dit jou verhouding met jouself en ander.

Hoe moet 'n mens dan deel? Hoe funksioneer die emosionele styl?

DIE REGTE MANIER VAN DEEL – EK-BOODSKAPPE

In die ek-boodskap is jy in beheer van jou gevoelens, deel jy jou werklikheid, praat jy namens jouself en is jy bereid om verantwoordelikheid vir jou eie gevoelens te aanvaar.

Voordat jy so 'n ek-boodskap kan oorsein, moet jy in voeling kom met jouself (sien hfst 3), moet jy eers "luister" na jou binneste. Jy kan nie sommer net praat en laat waai nie; jy moet jou binneste op 'n gevoelige manier na buite kaats. Daar moet dus 'n integrasie tussen jou emosies en jou rede wees.

Jy moet jou eerlike gevoel só uitspel dat jy jou maat nie bedreig, negatief laat voel of seermaak nie. Jy moet hom/haar geen rede gee om aan te val of te verdedig en só die dialoog tot stilstand bring nie. Jy moet jou gevoel só oorsein dat die kommunikasiekanaal oop bly.

Kom ons kyk na 'n voorbeeld.

"Ek voel gefrustreerd en teleurgesteld omdat jy in ons besige lewe soveel TV kyk." Die teleurstelling word direk uitgespreek en verklaar sonder om die ander persoon aan te val.

'n Mens sou dit egter ook op 'n ander manier kon doen, met ander gevolge: "Al wat jy doen, is TV kyk. Het jy nie iets anders om te doen nie?" Dan kan jy verwag om die volgende antwoord te kry: "Dis nie jou saak nie – jy loop alewig in die winkels rond." (Aanval versus aanval.) Jy-boodskappe is meestal aanvallend en beskuldigend en die kommunikasie verval maklik in 'n patroon van aanval/teenaanval of aanval/ verdediging en verhinder dat jou maat kan luister en jou ware gevoelens reg kan hoor en verstaan. Dit sluit die kommunikasiekanaal toe.

Jy moet in alle situasies waar jy emosioneel voel, jou eerlike gevoelens oorsein (nie oordryf of onderskat nie). Sê: "Ek voel so en so. Jy, my maat, dra miskien daartoe by dat ek so voel, maar jy moet verstaan dat dit my eie reaksie is op jou gedrag of op die gebeure. Jy hoef nie te voel dat jy vir my gevoelens in die regsbank staan of daaroor veroordeel word nie." Die appèl is: Verstaan my! My gevoelens het betekenis.

Kom ons kyk na nog 'n voorbeeld.

Liesl wil haar gevoelens in die emosionele styl oordra. Sy sê: "Leon, ek voel omgekrap omdat jy voor ons vriende vir my gesê het om stil te bly. Ek het so verneder gevoel."

Liesl deel haar gevoelens van omgekraptheid en vernedering duidelik en dit behoort Leon in staat te stel om oop en ontvanklik te luister (al voel hy 'n klein bietjie bedreig).

Leon antwoord (ook in die emosionele styl): "Liesl, ek kan insien dat so iets jou omkrap en selfs verneder, maar jy moet weet dat dit vir my baie moeilik is as jy so baie praat en ander uitskakel."

Albei het hier iets meer van mekaar se belewing van die ander een se gedrag geleer. Die manier waarop jy praat, bepaal hoe jou maat reageer – of hy/sy positief of negatief reageer, hom/haar oopstel of toemaak.

Hier is 'n paar oefeninge om julle bewus te maak van hoe ek-boodskappe oorgedra word.

OEFENING 6

Julle twee saam

Help mekaar om die volgende huislike situasies in ek-boodskappe te formuleer:

Situasie	Negatiewe boodskap	"Ek"-boodskap
1. Die vrou tel haar man se skoene en sokkies op en gooi die sigaret-stompies uit die asbak in die vullisblik.	Só 'n slordige en gemaksugtige mens het ek lanklaas gesien!	Ek voel ....
2. Jou meisie/vrou laat jou 'n halfuur langer wag as wat julle afgespreek het.	Jy is altyd laat! Jy sal nooit leer om betyds te wees nie.	Ek voel ....
3. Jou maat het belowe om iets wat vir jou belangrik is te doen, maar het dit toe nie gedoen nie.	Jy is darem onbe-troubaar as dit kom by beloftes!	Ek voel ....
4. Jy is lus om te gesels, maar hy sit al weer voor sy rekenaar.	Jy en daardie reke-naar maak my mal. Sal jy ooit in iets anders belang stel?	Ek voel ....
5. Jy is 'n baie sosiale mens, maar jou meisie/vrou hou meer daarvan om rustig en alleen te wees. Jy vra dat julle saam by vrien-de gaan kuier, maar sy spreek haar misnoeë uit.	Jy is ook so dooierig, jy wil net altyd by die huis sit. As vriende nie vir jou iets beteken nie, is dit goed, maar vir my beteken hulle baie.	Ek voel ....
6. Die vrou is baie spandabelrig, die man weer suinig. Sy het iets gekoop wat na sy mening heeltemal on-nodig en te duur is.	Jy gee elke dag al hoe meer geld uit. Ons sal nooit iets kan spaar nie!	Ek voel ....

Al hierdie situasies is teer punte in 'n verhouding. Dit kan maklik in rusies ontaard as julle dit nie reg uitpraat nie.

OEFENING 7

Julle twee saam

Dink elkeen aan iets konkreets waaroor julle ongelukkig of negatief voel. Wend 'n doelbewuste poging aan om dit vir mekaar te sê, al was dit vir julle tot dusver moeilik om daaroor te praat.

Die een wat eerste gereed is, deel sy/haar gevoelens in die vorm van 'n ek-boodskap. Terwyl die een praat, moet die ander een goed luister en sy/haar maat se gevoelens opvang en ondersteun. Daarna moet hy/sy antwoord met 'n ek-boodskap.

Maak seker dat julle mekaar verstaan voordat die ander een kans kry om ook 'n gevoel te deel.

Opmerking

Kan julle voel dat 'n ek-boodskap meer oopmaak? Kry julle 'n dieper kykie in mekaar se diepste wese? Het jou maat sensitief genoeg geluister?

Ons het die keuse of ons ek-boodskappe of jy-boodskappe wil stuur. En dié keuse bepaal die verloop en uitkoms van die gesprek.

Die ek-boodskap mag nie net in teorie bly bestaan nie. Ons moet dit prakties beoefen en oefen tot dit later spontaan kom. En dit verg harde werk.

BELANGRIKE KOMPONENTE VAN DIE EK–BOODSKAP

Hede en nie verlede nie

Opbouende kommunikasie, veral op gevoelsvlak, vind in die hede plaas. Dit wat hier en nou met jou gebeur en wat jy nou ervaar, is sentraal. Môre gebeur daar weer nuwe dinge en kan jy die gebeure van gister nooit op dieselfde manier terugroep nie. Jou belewenis van gister kan vandag anders wees omdat jy anders voel of jou in 'n nuwe konteks bevind.

Wat nou met jou gebeur, is die belangrikste: Jy moet nóú sê hoe jy voel en dink.

Spesifiek en konkreet

Jy moet baie duidelik na die *spesifieke situasie of gedrag* verwys wat tot jou gevoelens gelei het. In my beradingsessies vra ek dikwels vir 'n persoon wat vaag en algemeen praat om praktiese, konkrete voorbeelde te noem.

Voorbeelde van konkreetheid is:

- ♥ "Ek voel ongelukkig *omdat* jy my gister en vandag nie met 'n soen gegroet het nie."
- ♥ "Ek voel geïrriteerd en kwaad *omdat* jy, ten spyte van ons ooreenkoms, nie die skottelgoed gewas het nie."

Die woordjie *omdat* kan dadelik verklarend werk.

Verwys na die konkrete situasie of situasies en waak teen enige *veralgemenings* of 'n verdraaiing van die ware feite. Bly by die realiteite en by dít waaroor die saak gaan.

Voorbeelde van growwe veralgemenings is:

- ♥ "Ek is ongelukkig omdat jy my *nooit* met 'n soen groet nie."
- ♥ "Ek is geïrriteerd omdat jy *altyd* vergeet om die skottelgoed te was."

Veralgemenings en verdraaiings plaas jou maat op die verdediging. Vermy ook skimpe, om op jou maat se gevoel te speel, vae en dubbelsinnige boodskappe, en sê liewer duidelik wat jy voel en graag wil hê.

Gereedheid en tydsberekening

Om jou hart oop te maak, moet jy gereed en lus wees daarvoor. Die atmosfeer moet reg wees. Jy moet in kontak, in beheer van jou gevoelens wees en kan deel sonder om jou maat te benadeel en hom/haar op die verdediging te plaas.

Andersyds vra dit ook dat jou maat gereed moet wees om te luister. Jy kan nie net begin praat as jou maat nog nie eens rustig voel nie (ná 'n dag se harde werk) of as hy/sy druk besig is met iets anders of self nog tyd nodig het om sy/haar eie gevoelens uit te sorteer.

Die een wat moeiliker praat (introvert), moet kan uitstel vra as hy/sy nog nie gereed is nie, en die ekstrovert moet hom/haar dié tyd gun. Maar uitstel beteken nie afstel nie! Om te verhinder dat die een maat aanhou torring, is dit van groot belang dat die een wat vir uitstel vra, eerste die inisiatief en verantwoordelikheid sal neem vir 'n gesprek. 'n Bietjie aanmoediging en ondersteuning van die ander kant kan goed wees, maar 'n ewige getorring kan tot onttrekking lei, omdat 'n mens niemand kan forseer om sy/haar hart oop te maak nie.

Soek dus die regte tyd en plek vir gesprekke sonder om dit onnodig uit te stel. En ruim genoeg tyd daarvoor in. Diepgaande gesprekke sluk baie ure in.

Liefde en respek

Jy moet met liefde praat, jouself op 'n liefdevolle wyse laat geld, al veroorsaak dit pyn vir jou maat. Jy moet praat omdat dit vir jul verhouding van belang is en jou maat hierdie stukkie belewenis van jou moet hoor om te weet hoe jou hart werklik klop.

Jy moet jou maat respekteer, want dit is nie hy/sy wat verantwoordelik is vir al jou gevoelens nie. Jou eie reaksies en menswees is meestal deel van die spanning en probleem.

Daar moet ook 'n balans wees tussen hoeveel elkeen praat. Die meer verbale een moenie die ander een oorskadu nie – en vroue is in die algemeen verbaal sterker ontwikkel.

Moet ook nie net gevoelens met mekaar deel wanneer daar steurnisse is nie; verryk mekaar deur die daaglikse ervaring van maar net menswees.

Moet jy alles deel?

Hieroor bestaan daar by professionele mense baie verskillende menings. Sommige sê dit is beter om sekere sake privaat te hou en dat elke mens sy eie geheime moet kan hê.

Elke mens het in mindere of meerdere mate dinge wat hy/sy verborge hou en moeilik met ander deel. 'n Mens het klere aan en kan nie konstant naak rondloop nie. Jy het 'n eie identiteit, 'n eie innerlike lewe, jou eie grense. Elkeen het ruimte nodig. Hierdie eie ruimte moet wedersyds gerespekteer word.

'n Mens praat makliker oor positiewe dinge. Wanneer iets negatiefs ter sprake is, kan julle die volgende riglyne in gedagte hou.

Vra jou af

- of jul verhouding sterk genoeg is om diep, innerlike belewenisse of negatiewe gevoelens uit die verlede te hanteer;
- of dit nie dikwels net 'n ontlading van gevoelens is wat nie verband hou met die verhouding of dalk eie gevoelens wat julle op mekaar projekteer nie, en
- of daar iets vir jul verhouding gewen kan word deur dié gevoelens te openbaar – soos groter begrip en/of nabyheid.

Negatiewe gevoelens moet versigtig gehanteer word (sien die deel oor konflik) sonder om wegkruipertjie te speel.

In 'n sterk, gesonde verhouding neem 'n gevoel van veiligheid teenoor mekaar geleidelik toe en hoe veiliger voel jy om dié dinge wat regtig saak maak, te deel. Dit versterk ook die vertrouensband tussen twee maats. Die ideaal is dus om soveel te deel as waartoe jy lus en in staat is. Deel bring diepte, vertroue en nabyheid. Dit bevorder die eenheid tussen twee mense. Dit moet egter nie ten koste van jou eie ruimte of vryheid – die tweeheid – wees nie.

In die lig hiervan is dit belangrik om na die balans tussen eenheid en tweeheid in die intieme verhouding te kyk. Slegs as elkeen sy/haar unieke identiteit het en behou, is ons in staat tot goeie dialoog.

Één, maar tog twee

In 'n huwelik sluit twee unieke individue met mekaar 'n verbintenis. Die band (of eenheid) wat dít bring, kan vergelyk word met 'n duet waarin twee soliste hul eie stemme sing. Al sing elkeen sy/haar eie note, bring hulle saam ryk klanke en harmonie voort. Sou hulle albei dieselfde note sing (al is die stemkwaliteite verskillend), kan dit nooit dieselfde kwaliteit voortbring nie. Daarmee wil ek sê dat ek in die huwelik "ek" moet bly en jy moet "jy" bly. Ons mag nie ons eie identiteit in die "ons" verloor nie.

Ek wil dit simbolies aan die hand van sirkels nog duideliker probeer maak.

Ek en jy is elk 'n afsonderlike sirkel. Ek en jy kan nooit net een sirkel word nie. In een sirkel verloor ek myself en my identiteit en ek raak verstrengel met jou. Dit beteken dat ek jou nie meer in jou unieke menswees kan raaksien en hoor nie. Ek en jy moet teenoor mekaar wees om te kan kommunikeer, nie inmekaar nie.

Net ons

Wanneer alles eenheid is, kan ons nie meer onderskei tussen uniekheid en andersheid nie. Jy verwag "onbewustelik" dat ek soos jy moet wees, soos jy moet dink en voel en soos jy moet optree. Ek word 'n verlengstuk van jou. Eenheid word enersheid.

Die gevolg? Ek ervaar nie net baie druk om in jou "mould" in te pas nie, maar ervaar ook dat jy my wil verander. Jy is gevolglik ongevoelig en stomp vir my gevoelens, ervaringe en werklikheid. Jy wil en is nie in staat (onvermoë) om my in my anderse manier van wees te verstaan nie. Jy kan nie die ander kant insien nie. Die praat en luister raak ernstig versteur en konflik kan hoogty vier.

Ek   Ons   Jy

In 'n gesonde verhouding moet ek en jy eerder twee sirkels wees wat mekaar oorvleuel. Ek en jy behou elkeen ons eie identiteit, maar ons bou ook 'n groot stuk "ons" of gemeenskaplikheid op.

Hier staan ek en jy 'n bietjie meer op 'n gesonde afstand na mekaar en kyk. Elkeen probeer harder om die maat as 'n unieke mens raak te sien en na die ander se werklikheid te luister. Dit maak ons vryer om 'n stewige "ons" op te bou.

Kom ons toets jul verhouding om self te ontdek waar julle te veel uit 'n "ons"-raamwerk opereer en nie genoeg uit 'n ek/jy-raamwerk nie.

OEFENING 8

Julle twee saam

Deel die volgende om die beurt met mekaar:

1. Waar en wanneer probeer jy my te veel in jou "mould" indruk?
2. Waar ervaar ek te min ruimte? Noem konkrete dinge en situasies.
3. Waar voel ek dat jy swak luister en nie my uniekheid genoeg respekteer nie?

Dit is belangrik dat julle mekaar hier sal verstaan en leer ruimte gee. Anders kan dit op sigself herhaaldelik tot woede en konflik lei. Soos ek reeds in hoofstuk 3 genoem het, is dít een van die dieper wortels wat agter baie huweliksonenigheid lê. Daarom het ek 'n paar jaar gelede ook 'n hele boek oor ruimte geskryf – *Ruimte vir twee* (uitgegee deur Lux Verbi.BM).

OPREG EN EERLIK WEES?

Opregtheid en eerlikheid is twee van God se genadegawes aan ons. Toe ek onlangs vir iemand sê dat ek hom as eg ervaar, het daar trane in sy oë gekom en hy het my geantwoord: "Ek moes dit langs 'n harde en moeilike pad uitvind, maar sedert ek dié geskenk ontvang het, lewe ek."

Jy kan alleen "lewe" en jou maat as weerlose mens ontmoet as jy jou skanse en verdedigings laat sak en bereid is om nakend voor hom/haar te staan.

Jy kan leer om openlik, reguit en eerlik te praat. Dit is 'n keuse wat jy self moet maak. Van jou sal dit verg dat jy die ou pad van geslotenheid moet agterlaat en sal moet oefen om die nuwe pad van openheid te loop totdat dié pad vir jou meer bekend en seker word.

Wil jy eerlik wees? Jy kan.

Wil jy meer fokus op konkrete ek-boodskappe? Jy kan.

Wil jy goed luister? Jy kan.

Hou aan oefen tot jy die resultate sien.

Praktiese liefde is om onselfsugtig te luister en jouself onvoorwaardelik te gee – ook wanneer julle verskil of rusie maak. Dialoog vorm ook die hart van goeie konflikhantering. In hoofstuk 6 gaan ek gesels oor hoe julle jul verskille positief kan hanteer sodat dit julle kan bou terwyl julle bots.

HOOFSTUK 6
Bots, maar bou

VERSKILLE BRING BOTSINGS

Het jy bewus geword hoe uniek en anders jy en jou maat is nadat julle al die oefeninge deurgewerk het? Elkeen doen dinge soos hy/sy geleer het om dit te doen in die grootwordjare.

Het jy ontdek dat die dinge wat vir jou belangrik en waardevol is, nie altyd vir jou maat dieselfde betekenis en waarde het nie? Dinge wat vir jou maat soms niks beteken nie en selfs irrasioneel is, is dinge waarvoor jy sal veg. Wat vir die een 'n pluspunt is, is dikwels vir die ander 'n minus.

Kan jy jou maat sommer inklim en vir hom/haar sê 'n mens doen dit nie só nie, jy mag en kan nie so voel of dink nie? As jy byvoorbeeld vir jou woeder-maat voorskryf en sê: "Moenie so driftig raak nie; dit bring jou niks in die sak nie!", sou hy/sy kon antwoord: "Moenie so dooierig wees en alewig in jou dop kruip nie."

Wie is reg en wie is verkeerd in 'n situasie waarin twee mense se gevoelens, behoeftes of gedrag lynreg teenoor mekaar staan?

"Reg" en "verkeerd" is foutiewe uitgangspunte om konflik mee te benader, behalwe as die een die ander moedswillig te na gekom of duidelik teenoor die ander oortree het. Dis byvoorbeeld verkeerd om jou maat se manier te veroordeel, fout te vind daarmee of dit af te skryf. Sy/haar manier lyk weer van die ander kant af beter.

In 'n botsing gaan dit normaalweg nie oor reg of verkeerd, beter of slegter nie. Dit gaan oor twee verskillende maniere van doen, twee persepsies, twee werklikhede. Vir jou voel dit "reg" om só te wees en die saak só te sien, en vir jou maat werk dit weer op 'n ander manier. Elke kant is geldig en het sy eie meriete.

Die saamleef en aanpas in 'n huwelik kan vergelyk word met twee verskillende metale wat aanmekaar geheg moet word. Sodra jy begin sweis, kom jy agter hoe moeilik dit is, omdat sekere eienskappe die samesmelting bemoeilik. 'n Vlam is nodig. Hitte in die vorm van *anger* ontstaan omdat jou maat se anderse gedrag, behoeftes of gevoelens nie in harmonie met joune is nie en jou bedreig. As jy netjies is en hy/sy laat dinge rondlê, frustreer dit jou; as jy wil praat en jou maat kruip in sy/haar dop, voel jy magteloos.

Disharmonie of botsing word nie deur een persoon alleen veroorsaak nie. Dis ook nie net een se skuld en nie die ander s'n nie. Daar is nie net een varkie in die verhaal nie, maar altyd twee varkies. Jou eie gedrag is net so aandadig in die botsing as jou maat s'n. Omdat jy netjies is, stem sy onnetheid jou negatief. Omdat jy wil praat wanneer hy nie kan nie, voel jy magteloos. As jy ook onnet sou wees soos jou maat, of as jou maat ook graag wou praat soos jy, was daar nie probleme tussen julle nie.

Anger is dus meestal 'n interaksie-probleem waartoe julle al twee bydra en waaraan julle al twee moet deelneem om dit uit te klaar. Dis twee varkies moet saamwerk.

Gesonde konflikhantering is nie 'n stryd om te bewys wie reg en wie verkeerd is of wie belangrik en wie onbelangrik is nie. Dis nie die een teen die ander nie. Dit is 'n stryd om begrip vir die ander kant: Jy moet jou maat se kant kan insien en verstaan, en hy/sy weer joune. Dis 'n stryd om mekaar ten diepste as mense te vind, om verstandhoudings op te bou wat julle sal help om bymekaar aan te pas en saam te groei.

Botsings is onvermydelik en noodsaaklik. Hulle is soos die asemhaling van die verhouding, die verder en nader beweeg.

WAT DOEN BOTSING (KONFLIK) AAN 'N VERHOUDING?

Wanneer verloofdes of getroudes met groot trots kom vertel dat hulle nog nooit rusie gemaak het nie, is ek baie bekommerd. Hul verhouding is óf baie oppervlakkig óf hulle leef ver uitmekaar óf hulle probeer mekaar altyd tevrede stel en skram doelbewus weg van konflik. Baie mense bly bang om te erken dat hulle negatiewe gevoelens teenoor hulle maats beleef.

Maar die werklikheid is dat jy herhaaldelik negatiewe gevoelens gaan ervaar. En hierdie negatiewe gevoelens moet gehanteer en in die interaksie uitgeklaar word om die afstand telkens te oorbrug. Anders ontstaan daar nóg groter probleme en meer pyn op die lang termyn.

Wat gebeur as die woede slegs afkoel, een of albei beter voel en julle gewoon ná 'n tyd voortgaan asof daar niks gebeur het nie? Dit is 'n pad waarop die eggenotes mekaar al meer gaan verloor, omdat:

❤ die woede onderdruk word of ondergronds gaan met ernstige gevolge (sien hfst 3).

❤ die afstand wat konflik bring nie oorbrug word nie. Die spanning gaan staan tussen jou en jou maat en die verwydering word in stand gehou. Dit kan selfs vergroot met 'n volgende spanning (wat ook weer onuitgesorteer bly lê).

❤ konflikhantering al hoe ingewikkelder en chaotieser raak. Dit gebeur omdat die ou koei in die sloot "half lewendig" bly lê, maar telkens tot lewe opgeroep word – soos wat die een dit as 'n verdediging of regverdiging nodig kry. En dit maak dat alles deurmekaar loop en julle oor alles en nog wat veg. Dit is meer 'n stof-opskop as 'n vastrap-en-hanteer. Dit raak soos 'n bol wol met gekoekte drade, waarin julle nie een duidelike draad kan uithaal om mee te werk nie.

'n Geveg begin by punt A en eindig by O, maar nie eens A word uitgesorteer nie. In 'n konflik kan ons eintlik net een verskil – een draad – op 'n slag werklik hanteer.

❤ julle later as gevolg van al die onuitgesorteerde koeie tussen julle moeilik kan kommunikeer. Die een verstaan glad nie die ander een nie. Elkeen is aangewese op aannames (sy/haar eie interpretasies).

Elkeen bou dus vir hom/haar 'n bepaalde beeld, 'n persepsie op van wie en wat sy/haar maat is en hoe hy/sy die probleem benader. Dié persepsies is dikwels so subjektief, so verdraai en skeef dat dit jul ore nog dower maak om mekaar se kant van die saak werklik te hoor.

En die pad na mekaar toe word al hoe moeiliker!

Ek kry dikwels te doen met pare wat vir hulp kom omdat hul verhouding vasgeval het of selfs dood is. Wanneer ek dieper begin delf, kom ek agter dat daar maande of selfs jare se onuitgesorteerde dinge en probleme tussen hulle lê. Een of albei maats het konflik vermy en daarmee saam het die skanse tussen hulle so opgebou dat hulle mekaar nie meer oor die hoë muur kan sien nie.

Anger wat nie positief gehanteer en uitgeklaar word in 'n verhouding nie, is die val van menige huwelik en oorsaak van talle egskeidings.

Wanneer die *anger* en negatiewe gevoelens uit-
geklaar en uitgepraat word, kan dit die afstand
en pyn oorbrug. Dit kan lei tot groter begrip vir
mekaar en tot groei. Dan kan ons paadjies
nader na mekaar groei omdat ons al hoe vryer
en gemakliker met mekaar kan saamleef.

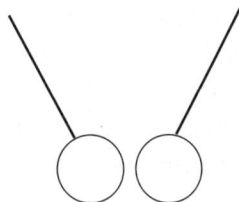

'n Stewige, gesonde verhouding word bepaal
deur die opbouende hantering van botsings. In hierdie hoofstuk gaan
ons kyk na die drie boustene wat hiervoor nodig is:
1 om woede in positiewe kanale te stuur;
2 om begrip vir mekaar se unieke kant en belewenis te hê, en
3 om tot aksie oor te gaan – om besluite te neem en ooreenkomste
aan te gaan.

BOUSTEEN 1: DIE STUUR VAN WOEDE

In hierdie stadium is julle seker reeds bewus daarvan en moet julle
erken dat woede deel vorm van jul lewe saam. Woede as sulks is nie 'n
gevaar vir die verhouding nie, maar wel die uitleef daarvan. Jy het die
reg om kwaad te word en word ook nooit verniet kwaad nie. (Al word
sommige gouer en makliker kwaad as ander.) Maar jy het nie die reg
om jou maat seer te maak, te straf of te beskadig nie, om jou woede
destruktief uit te leef nie.

Jou maat mag ook nie jou manier om woede te hanteer (jou
meganisme) afkraak en jou probeer dwing om anders te wees nie.
Wanneer jy meer 'n woeder is, is jy 'n woeder. En is jy meer 'n wroeger,
is jy 'n wroeger (sien hfst 3). Jy moet jou maat se manier aanvaar, al
moet hy/sy weet en verstaan hoe sy/haar manier van woede hanteer
jou raak en beïnvloed en omgekeerd.

Julle het mekaar nodig om van mekaar te leer. Die wroeger kan die
woeder bewus maak en beïnvloed om nie sommer te ontplof wanneer
hy/sy negatiewe gevoelens ervaar nie, maar eers 'n bietjie af te koel.
Die wroeger het weer die woeder nodig om hom/haar uit te lok om te
praat. In jul andersheid kan julle van mekaar leer, mits julle nie jul eie
gedrag versterk deur in 'n bose kringloop vas te val nie. Dit gebeur so
maklik dat hoe harder die woeder raas en sy/haar maat die stryd aansê,
hoe dieper klim die wroeger in sy/haar veilige dop en hoe meer
regverdiging kry hy/sy om nie gou weer daaruit te kruip nie. En wan-
neer die woeder hom/haar teen 'n stilswyende muur vasloop, laat die

moedeloosheid en magteloosheid hom/haar al harder raas en baklei ... die kringloop herhaal homself.

Wanneer twee woeders in botsing kom, veg elkeen só hard vir sy/haar eie saak dat hulle al hoe meer petrol op die vuur gooi. Hulle bly aanval sonder om mekaar werklik te hoor.

Twee wroegers is natuurlik die gevaarlikste kombinasie. Albei voel dis die veiligste om nie te praat nie. Al is dinge op die oppervlak dus rustig, ontstaan daar afstand en al hoe meer afstand – wat later al hoe moeiliker word om te oorbrug.

Wat moet ons dan doen met ons woede?

Woede moet altyd op 'n manier eers uitkook en afkoel. Dit mag nie summier uitgeleef word en brandwonde veroorsaak nie. Elkeen het die verantwoordelikheid om die hitte positief te gelei.

Mense het verskillende maniere van afkoel wat vir hulle effektief is. Die een sê 'n harde vloekwoord, 'n ander een slaan met die vuis op iets, sommige klap 'n deur toe en party het nodig om te skree of te gil. Ander wil terugtrek en alleen wees, hulle loop uit of gaan luister musiek, ensovoorts. Sommige koel gou af terwyl ander baie langer neem, gewoonlik die wroegers. Elkeen moet egter sy/haar tyd hiervoor neem.

Wat laat jóú beter voel? Dit is belangrik dat jy dit vir jouself moet uitklaar. Iewers het elke mens nodig om te ontlaai, sonder om sy/haar maat te belaai.

Die woeder moet leer om sy/haar woede nie impulsief uit te leef en direk op die ander een te rig nie. 'n Aanval gaan altyd 'n verdediging of teenaanval uitlok, en die gevolg hiervan is verhoogde woede of terugtrekking. Wanneer die woeder wil skreeu of 'n vloekwoord uiter, moet hy/sy probeer om dit nie persoonlik op sy/haar maat te rig nie, maar eerder in die algemeen sy/haar frustrasie te lig. Dit help ook nie dat die woeder sy/haar maat beskuldig of verwyt nie, want hy/sy is immers ook deel van die probleem – een van die twee varkies in die verhaal.

Ek beveel soms aan dat 'n woeder in die tuin of buite van sy/haar frustrasies ontslae moet probeer raak. Hy/sy mag maar hard met 'n bossie praat, 'n klip hard teen die grond slinger, die asblik skop – enigiets wat die adrenalien sal laat sak en hom/haar sal kalmeer.

En die wroeger mag eers terugtree. Hy/sy het immers tyd nodig om dinge in hom-/haarself te verwerk. As hy/sy moet wegloop of selfs uit die huis uit moet gaan, is dit belangrik dat die wroeger sy/haar maat duidelik sal inlig dat hy/sy tyd vir hom-/haarself nodig het en oor 'n uur of twee terug sal wees. Die wroeger mag onttrekking of stilstuipe nie as 'n magsmiddel gebruik om sy/haar maat verder te ontstel of magteloos te laat voel nie. Onthou, die woeder se blaf is erger as sy/haar byt en die wroeger moenie met sy/haar erger byt reageer nie. Die woeder sowel as die wroeger, maar veral die wroeger, moet verantwoordelikheid neem om terug te keer en te praat. Anders lei dit na ondergrondse woede.

Terwyl jy afkoel, is dit nodig om te probeer agterkom wat jou werklik so ontstel het. Watter negatiewe emosie lê agter die *anger*? Wat aktiveer die *anger*? Is dit omdat jou maat se gedrag so anders is as wat jou program sê? Beantwoord jou maat nie aan jou verwagtings nie? Kortwiek hy/sy jou in jou behoeftes? Verstaan hy/sy jou telkens verkeerd? Of haal jy net die spanning en stres wat in jou opbou as gevolg van buitefaktore op jou maat uit?

Meestal ontstaan anger *omdat* julle *scripts* in botsing is. Al is die *trigger* vir *anger* dikwels 'n onbenullige klein dingetjie, het dit meestal dieper wortels.

Ongelukkig gebeur dit ook in 'n intieme verbintenis dat jy onbewustelik sekere kinderpyne uit jou maat se verlede kan aktiveer. Dié diep pyn veroorsaak dan 'n fel reaksie van woede, sonder dat die objektiewe situasie dit regverdig. 'n Kind wat deur een van sy ouers beheer is, kan byvoorbeeld heftig reageer en rebelleer wanneer hy/sy ervaar dat sy lewensmaat hom/haar weer probeer beheer. 'n Kind wat altyd tereggewys is, kan oorsensitief raak vir enige kritiese aanmerking of bedekte beskuldiging. Jou maat kan op dieselfde manier ook soms dieper gevoelens van verwerping en onsekerheid oproep. Dit is moeilike lyne wat die gewone vloei van *anger* en konflikhantering versteur en dikwels die hulp van 'n terapeut vra.

SAMEVATTEND

- ❤ Erken jou woede. Moenie passief wees of daarvoor wegvlug nie.
- ❤ Moet dit ook nie direk op jou maat uithaal nie. Neem verantwoordelikheid vir die feit dat jy kwaad voel.
- ❤ Aanvaar mekaar se meganismes en raak bewus van waar en hoe julle mekaar negatief beïnvloed.
- ❤ Vind postiewe maniere om af te koel, sodat julle weer redelik kan reageer en optree.

- As die woede om die een of ander rede in jul interaksie aangevuur word en destruktief raak, roep 'n stop-aksie uit. Tree uit die geveg.
- Tree weer so gou moontlik toe tot jou maat. As jy kwaad geword het, neem die verantwoordelikheid om eerste toe te tree. Dit moenie altyd dieselfde een wees wat toetree ná 'n botsing nie. Die weiering om toe te tree mag ook nooit as 'n magsmiddel misbruik word nie.
- Solank jy kwaad is, is jy doof vir jou maat se belewenis, blind vir sy/haar persepsie en onsensitief vir sy/haar behoeftes. Jy wil net jou kant stel en regverdig wees. Die toets wanneer jy kan oorgaan om te kommunikeer, is of jy bereid en gereed is om na jou maat se kant te luister; wanneer jy nie meer teen hom/haar wil veg nie, maar langs jou maat wil kom staan; wanneer jy weer nader wil tree.
- Praat met ek-boodskakppe en luister empaties na jou maat se kant.
- Die liefde vra toetrede en om mekaar te betrek, nie dat die een die ander moet uitsluit nie.

Dít bring ons by bousteen twee.

BOUSTEEN 2: BEGRIP VIR MEKAAR SE KANTE

In 'n botsing is daar altyd twee kante, twee werklikhede, twee maniere van doen. En elke maat het die verantwoordelikheid om die ander kant te probeer verstaan.

Kom ons kyk na 'n paar praktiese voorbeelde om te illustreer hoe twee lewensmaats se ervarings in dieselfde situasie totaal uiteenlopend kan wees.

Tania en Frans het 'n pragtige babaseuntjie van twee maande en Frans se ma kom elke dag kuier. Die jong ouers ervaar albei op die die een of ander manier 'n spanning wat uitgeklaar moet word.

Tania se probleem (*haar kant*): Sy sukkel nog om aan te pas by al die omwentelinge en onvaste roetine wat 'n nuwe baba bring. Sy doen haar bes met die versorging van hul seuntjie, maar die broeise ouma voel nie altyd so nie. Sy kom élke dag inloer en maak ongevraagd allerhande opmerkings, soos: "Jy moet die kind op vaste tye kos gee; moenie die doeke so lank in die bleikmiddel los nie; versorg jouself 'n bietjie," ensovoorts.

Ouma bedoel dit goed, maar Tania raak al hoe kwater oor die inmenging. Sy meen sy verdien dit nie. Sy doen haar bes en voel dat sy haar kind op haar eie manier wil grootmaak.

Frans se probleem (*sy kant*): Hy is baie geheg aan sy weduweema. Sy woon 'n paar straatblokke van hulle af en behalwe dat sy eensaam voel, is sy baie trots op haar kleinseun. Wanneer sy daagliks by Tania gaan kuier, doen sy dit met die beste bedoelings en wil net op haar manier help.

Frans voel baie sterk oor 'n stewige, positiewe verhouding met sy ma – daar mag niks gebeur wat dit sal skaad nie en tog is hy bevrees dat dit besig is om te gebeur.

Frans se ma laat Tania ontoereikend voel om haar baba te versorg en sy voel sterk dat sy haar eie stempel wil afdruk – haar skoonma is in haar ervaringswêreld vir haar 'n bedreiging. Frans, wat weer gesteld is op hul goeie verhouding met sy ma, voel bedreig en bang dat dié verhouding in die slag kan bly. Nie net is die band met sy ma vir hom belangrik nie, hy wil haar as ouma ook gelukkig sien.

♥ ♥ ♥

Tertius is 'n sistematiese mens. Hy beplan en organiseer sy sake haarfyn. Hy werk daagliks 'n program uit om sy tyd ten beste te kan benut en bestee. Hy het 'n sterk sin vir orde en wil beheer hê oor sy daaglikse aktiwiteite.

Ilse het net die teenoorgestelde gedragspatroon. Sy hou nie van al die orde en beplanning nie. Sy wil vry voel om te doen waarvoor sy op 'n bepaalde oomblik lus het of aandag gee aan dinge wanneer dit gebeur – sy is meer impulsief.

Terwyl albei werk, is daar nie probleme nie, maar wanneer hulle by die huis is, begin die spanning oplaai en die ongemak toeneem. Tertius word kwaad wanneer die kos nie sesuur op die tafel is, soos hulle afgespreek het nie. Hy verwyt Ilse dat sy nie sy versoek ernstig opneem nie, terwyl Ilse voel hy moet begrip hê vir die feit dat sy ná 'n vermoeiende werkdag eers in 'n tydskrif wil rondblaai.

Wanneer Tertius op 'n sekere tyd wil gaan slaap, het Ilse nog 'n stuk naaldwerk wat sy graag wil afhandel omdat die gier haar op daardie oomblik beetgepak het. Wanneer Tertius 'n jaar vooruit vir hul volgende vakansie wil bespreek, voel sy ongelukkig, want miskien sal sy teen daardie tyd 'n ander soort vakansie verkies. Sy wil nie so gebonde voel en ingehok wees nie.

Tertius se gedragstyl het net soveel meriete as Ilse s'n. Sy kant is dat Ilse die hele tyd sy sin vir orde versteur, sy legkaarte deurmekaarkrap en hom ongemak en frustrasie besorg.

Ilse, weer, voel sy word van haar vryheid beroof. Sy moet gedurig inpas by Tertius se projekte, sy voel ingehok en kan al minder spontaan optree. Die een bedreig die gemaksone van die ander.

♥ ♥ ♥

Annette is 'n aktiewe mens, altyd besig. Sy kan moeilik stilsit en doen dinge teen 'n vinnige tempo. As sy haar kom kry, het sy Rinus se werk ook uit sy hande geneem. Rinus is die rustigheid self. Hy doen dinge teen 'n stadige tempo en verkies om eerder te min as te veel te doen. Daarom hou hy daarvan as Annette dinge vir hom doen.

Enkele kere dra Annette 'n verantwoordelikheid aan hom op, maar hy weet dat as hy net lank genoeg wag, sy dit self sal doen. Passiewe mens wat hy is, raak hy al rustiger, gee al minder om, want as hy nie doen nie, sal Annette dit mos doen! Sy sal selfs slaaf in die huis word as dit moet.

'n Tyd lank gaan dit goed. Uit liefde doen sy baie dinge vir hom. Maar later begin sy die gevoel kry dat sy alle verantwoordelikheid dra en alles in die huis alleen doen. Sy raak geïrriteerd en opstandig en begin hom beskuldig van luiheid en selfs onverantwoordelikheid.

Elkeen het 'n geldige kant. Haar kant is dat sy voel of Rinus haar in die steek laat en alleen laat dra. Sy kant is dat hy voel of Annette hom gedurig aanjaag, sy rus verstoor en nooit tevrede is met sy manier van doen nie.

Hier is nog 'n laaste voorbeeld waarmee ek baie in my praktyk in aanraking kom:

Hestie is 'n warm en intiem-*bonding* persoon. Sy soek baie samesyn, saamdoen, nabyheid en betrokkenheid by haar man Eben. Hy is weer meer 'n *loner* wat ruimte en tyd nodig het om by homself te wees en op sy eie dinge te doen. Voor die huwelik en in hul verlief-wees-stadium het hulle dié gevoelige verskil in behoeftes nie eintlik agtergekom nie. Maar wat gebeur nou in die huwelik?

Wanneer Hestie hom probeer betrek en nadertrek, koes hy of soek verskonings om op sy eie te wees – hy trek weg. Eben self voel veiliger met meer afstand tussen hom en ander. Wat ervaar Hestie wanneer Eben so wegbeweeg? Hy het haar nie so lief nie; sy is nie 'n prioriteit in sy lewe nie – kortom, sy voel verwerp.

Eben, op sy beurt, ervaar dat hy konstant deur 'n seekat vasgeklem word en moet veg vir sy vryheid. Hy voel Hestie laat haar lewe gans te veel om hom draai. Sy is te afhanklik van hom. En albei ervaar intense pyn.

Uit hierdie voorbeelde kan ons duidelik agterkom dat 'n munt twee kante het. Dit blyk ook hoe moeilik dit is om die omgekeerde kant te sien. Een van die moeilikste dinge in die liefde is om jou te verplaas in die ander se posisie, terwyl hy/sy juis vir jou frustrasie en pyn veroorsaak: Hoe kan jy gevoelig wees vir jou maat se kant en behoeftes as jy so hard vir jou eie moet veg?

Tog bestaan die hart van konflik daarin dat jy jou in jou maat se werklikheid en jou maat hom/haar weer in jou werklikheid moet kan inleef en dit moet probeer verstaan. As jy eers kan begin ontdek en agterkom hoe jou maat se hart hier diep binne klop, het jy al baie gewen. Om werklik te verstaan lê in die wese van gesonde interaksie. Dit bring ons terug by die praat en luister van hoofstuk 4. (Lees gerus weer die deel oor luister.) Aan die hand van die voorbeeld van Tania en Frans wil ek wys hoe pare sulke situasies liefs nié moet hanteer nie, hoe dit liewer wel met oop kommunikasie gehanteer moet word.

Tania deel haar ware gevoelens oor haar skoonma met Frans.

Frans hoor dit nie werklik nie en beskerm sy ma. Hoe meer Tania kla (omdat sy nie gehoor word nie!) hoe meer lig Frans sy ma se goeie bedoelings uit. Hy kruip weg agter sy goeie ma en deel nie sy eie gevoelens van bedreigdheid nie.

Hier is nog 'n negatiewe manier hoe die situasie gehanteer kan word:

Tania werk haar op omdat Frans haar nie "hoor" nie en probeer 'n sterker appèl maak. "Jou ma maak my gek en meng altyd met alles in. Ek wil haar nie meer hier hê nie," sê sy vir Frans.

Frans voel nóg meer bedreig, wil net in sy dop kruip, maar loods nou 'n teenaanval: "Jy is sommer kinderagtig. Ma sal wel weet waar sy jou moet touwys maak. Sy het immers baie meer lewenservaring as jy." (En soos die vlamme hoër begin brand, kan hulle miskien selfs begin stry oor wie die meeste lewenservaring het.)

Hoe die gesprek verder verloop, is nie nou ter sake nie. Wat wel belangrik is, is dat Frans weinig verstaan van Tania se ware gevoelens en sy ewe min van Frans s'n.

Hier is nou die oop manier om hierdie situasie te hanteer:

Tania deel haar ware gevoelens van bedreigdheid en hoe sterk sy daaroor voel om haar eie stempel af te druk in die opvoeding van hul kind.

Frans gee erkenning aan haar gevoelens en sê dat hy dit verstaan (omdat hy baie dieselfde voel). Hy besef dat hulle 'n probleem het en is bereid om iets daaraan te doen.

Nadat hy dít aan Tania erken het, mag en moet hy weer op sy beurt sy gevoelens aan Tania oordra (hy het immers ook 'n probleem). Sy moet gevoelig na hom luister, erkenning gee dat die spanning met sy ma die verhoudinge kan vertroebel en haar bereid verklaar om saam met hom iets aan die saak te doen. Die verhouding met skoonma mag nie geskaad word nie.

Wanneer gevoelige snare geraak word, is dit belangrik dat jy jou maat se kant moet aanhoor, dat jy moet seker maak dat jy sy/haar boodskap reg ontvang, erkenning daarvoor gee en daarna eers reageer met jou kant.

As jy jou maat werklik "hoor", kan ware begrip volg. Om mekaar te verstaan en al hoe dieper te verstaan, lê in die wese van 'n groeiende verhouding.

Om te praat en uit te praat is gesond. Ja, dit is pynlik en bring pyn mee, maar as daar eers 'n wond (van verskille) is, moet dit oop- en skoongemaak word. Die etter moet eers uit voordat dit volkome kan genees. Uitpraat en luister werk reinigend in op wonde. Dit lei tot duidelikheid oor waar julle met mekaar staan, versterk die band tussen julle, bou wedersydse vertroue, kameraadskap en liefde. Kortkom: Pyn bring groei.

Wanneer julle in 'n botsing mekaar te na gekom het, is dit ook belangrik om jammer te sê en te vergewe. Maar jy hoef nie verskoning te vra omdat jy van jou maat verskil het of "verkeerd" is nie.

Vele botsings, soos baie van die voorbeelde wys, vra meer as net verstaan. Daar moet tot aksie oorgegaan, besluite geneem en grense getrek word waarbinne elkeen veilig en gemaklik kan beweeg en lewe. 'n Huwelik bring deur die jare honderde klein of groter werkende verstandhoudings met mekaar mee, wat ons daaglikse saamleef vergemaklik en verdere konflik uitskakel.

BOUSTEEN DRIE: OORGAAN TOT AKSIE – BESLUITE NEEM EN OOREENKOM

'n Verhouding bestaan nie slegs uit die wisselwerking tussen emosies en gedrag nie. Reeds uit die tradisionele opset blyk dit dat daar sekere verstandhoudings onderling moet wees en dat elke huwelikshuis ook 'n gesonde struktuur moet hê.

Daar moet duidelike riglyne opgestel word van hoe ons ten opsigte van al die werk gaan saamspan. Daar moet soepel reëls wees van hoe ons steurende gedrag teenoor mekaar gaan hanteer. Daar moet lewenskodes saamgestel word vir gedrag en optrede waarbinne ons veilig en gemaklik kan opereer. Ons moet duidelik weet waar ons met mekaar staan in ons saamleef en saam die lewe hanteer. Anders bestaan die gevaar wat ek dikwels raaksien dat alles onduidelik en chaoties raak.

Dit gaan hier oor praktiese aksies wat voortvloei uit ons verstaan van mekaar. Dit gaan oor konkrete ooreenkomste wat vir ons albei werk en waaraan ons ons saam verbind.

Kom ons kyk aan die hand van voorbeelde hoe dié proses kan verloop.

FASES IN DIE OOREENKOMPROSES
Ons onderskei die volgende fases:
💗 Identifiseer die probleem.

- ♥ Identifiseer verskillende moontlikhede wat aan die probleem gedoen kan word.
- ♥ Maak keuses en neem besluite.
- ♥ Voer die besluit prakties uit.

Kom ons kyk na twee tipiese situasies tussen huweliksmaats in twee verskillende huwelike.

Situasie 1
Janus is 'n fliekvlooi en wil nie 'n enkele nuwe film misloop nie. Janine is 'n huishen en wil liewer by die huis bly. Sy verkies om eerder gesellig saam met Janus te verkeer of soms net na 'n video te kyk. Sy voel Janus is fliekbehep. En hy voel sy is vasgegom aan die huis.

Situasie 2
Sarel is 'n baie sosiale mens wat afhanklik is van gereelde kontak met vriende en familie. Dié voortdurende kontak met ander is vir hom 'n wesensbehoefte.

Sandra is stil en ingetoë. Sy voel bedreig deur te veel mense om haar en verkies enkele intieme vriende. Wanneer Sarel te veel wil uitgaan, voel sy jaloers omdat hy soveel tyd aan ander mense afstaan. Wanneer hy mense huis toe bring, bedreig dit haar privaatheid. Sarel voel Sandra is te besitlik, sy gun hom nie sy vriende nie en wil hom te veel vashou.

Hoe meer Sarel uitgaan, hoe meer hou Sandra vas. Dit laat hom vasgevang voel en versterk sy drang om te wil uitgaan.

Identifiseer die probleem

Wat is die probleem in hierdie twee situasies?

Situasie 1: Probleem
- ♥ Moet hulle gaan fliek of by die huis bly?
- ♥ Hoe dikwels moet hulle gaan fliek en hoe dikwels moet hulle by die huis bly?

Situasie 2: Probleem

💜 Hoe kan Sarel se sterk sosiale behoefte geakkommodeer word?

💜 Hoe kan Sandra se begeerte aan enkele intieme vriendskappe en meer tyd by die huis geakkommodeer word?

Vir 'n buitestaander is dit gewoonlik nie so moeilik om 'n probleem duidelik te sien nie. As jy egter self betrokke is en jou manier van doen word geblokkeer en jou behoeftes bly onbevredig, is dit nie so maklik om onbevooroordeeld te beoordeel wat die probleem nou eintlik is nie. Ons moet eers 'n paadjie in die bos sien.

Wanneer ons sien wat die probleem is, kan ons na die tweede fase van die proses beweeg. Dit is baie belangrik om net een probleem op 'n slag aan te spreek. As daar in 'n gegewe situasie meer as een probleem is, hanteer dit individueel.

Oorweeg verskillende moontlikhede

Situasie 1: Moontlikhede vir gedragsaanpassing

💜 Janus en Janine gaan fliek twee maal per maand saam, die ander kere bly hulle by die huis. Janine kan in laasgenoemde geval kies wat sy wil doen.

💜 Janus gaan fliek soms alleen en Janine doen dan iets anders wat sy geniet.

💜 Janus leer haar om flieks te geniet en te waardeer sodat sy geleidelik sy stokperdjie met hom begin deel – sonder dat dit spanning veroorsaak.

💜 Sy maak dit vir hom lekker by die huis en hulle neem meer dikwels video's uit.

Situasie 2: Moontlikhede vir gedragsaanpassing

Hier het ons 'n moeiliker situasie. Dit is belangrik dat Sarel nie Sandra se gedrag versterk en haar nog meer laat onttrek nie.

💜 Sarel sny doelbewus sekere minder belangrike sosiale aktiwiteite uit en gee meer kwaliteitaandag aan Sandra.

💜 Sarel gaan alleen na sommige sosiale aktiwiteite toe, terwyl Sandra dan meer persoonlike ruimte geniet.

💜 Sandra woon sommige sosiale aktiwiteite saam met Sarel by. Hy verwag egter nie dat sy betrokke moet raak nie. Sy kan maar agter hom skuil.

💜 Hy kan deur haar die waarde van intieme vriendskappe leer sodat sy drang om altyd wyer te beweeg, afneem.

Wanneer die paartjie al die moontlikhede op die tafel gesit het (daar kan nog ander ook wees), kan hulle kyk wat *vir hulle albei* die beste gaan werk.

Nou is hulle gereed vir die derde fase – die maak van keuses. Ook hier is die oplossing vir die tweede situasie nie so voor die hand liggend soos vir die eerste een nie, omdat dit meer gekompliseerd is en ander interaksies raak.

Maak 'n keuse/neem 'n besluit

In hierdie fase vind die integrasie plaas en kies die paartjie saam in watter rigting hulle wil beweeg.

Voorbeelde: As die aktiewe Annette (uit 'n voorafgaande voorbeeld) al hoe meer take bykry en die verantwoordelikheid van haar man Rinus gaandeweg oorneem omdat hy so rustig en stadig is, help dit nie dat sy aanhou kla dat sy te veel het om te doen en te swaar dra nie. Sy moet met die rustige Rinus ooreenkom dat hy sekere van haar take oorneem en dan is dit belangrik om die verantwoordelikheid aan hom oor te laat – ook al neem hy langer om dit te doen as wat sy graag wil hê. Hy moet hom verbind dat hy dit definitief sal doen en sy dat sy die take nie weer uit sy hande sal neem nie. Sodoende kan hulle die balans herstel.

Die intiem-*bonding* Hestie kan weer onderneem om haar man vrywillig meer ruimte te gee in sekere konkrete situasies. Eben, op sy beurt, kan onderneem om meer betrokke te raak in aspekte waar sy dit die nodigste het en om haar belangriker te laat voel.

Jy moet bereid wees om na jou maat se kant en behoeftes oor te buig en nie net vir jou eie te veg nie. As jy meer uitreik na jou maat se behoeftes en hy/sy na joune, kan ons die dinge makliker oplos. Julle moet julle eenvoudig afvra wat in die praktyk die beste gaan werk. Dis nou 'n tyd om die emosionele eers op die agtergrond te skuif en oordeelkundig en kreatief jul koppe te gebruik.

Maar besluitneming raak gewoonlik gevoelige snare aan. Wie se voorstel word aanvaar? Wie gaan die sterkste op sy/haar punte staan? Voel die man steeds dat hy die beheer in sy hande moet hou? Sommige maats is dominerend en meer beherend en wil hê dat dinge op húlle manier moet geskied.

Dit is belangrik dat huweliksmaats saam moet besluit. Een mens kan nooit vír 'n ander besluit nie, omdat hy/sy vanuit 'n ander raamwerk dink en optree. Al bedoel hy/sy dit hoe goed, weet die een nie wat vir die ander ten diepste die beste is of gaan wees nie.

Wanneer twee mense saam besluit, dra hulle saam verantwoordelikheid. Besluit een alleen, kan die ander maklik negatief raak en later verwyte rondslinger.

As huweliksmaats net nie oor 'n moeilike saak kan besluit nie of die *anger* vlam selfs weer op, kan hulle die saak uitstel en weer daaroor besin. Die een maat kan ook instem dat die ander maat, wat die nouste by die uitslag van die besluit betrokke is, die besluit moet neem, en onderneem om daarin te berus.

Dit is goed om saam na konsensus te strewe, maar ons kan ook *doelbewus aanvaar om te verskil. Agree to differ* gee dikwels meer ruimte aan elkeen om sy/haar unieke aard en menswees uit te leef.

MANIERE OM KONSENSUS TE BEREIK

Die een gee toe

Om toe te gee moet 'n *doelbewuste keuse* wees ter wille van jou maat en die verhouding. Dit is 'n bereidheid om jou maat se behoefte voorop te stel.

Met toegee is daar twee belangrike vereistes:

- 💜 Dit moet afwisselend of in twee rigtings geskied. Nie net die vrou moet kan inval, soos in die verlede van haar verwag is nie. Die man moet ook kan toegee. As dieselfde persoon altyd moet inval en inpas by die ander, word sy/haar behoeftes nooit vervul nie en verloor hy/sy gaandeweg bedingingsmag en selfwaarde. Elkeen moet kan gee, maar ook aan die ontvangkant kan staan. Gee en ontvang moet in 'n gesonde balans met mekaar staan.

  Mense wat graag ander tevrede stel, veral vir 'n hardekop-maat of om die vrede te bewaar, moet baie versigtig wees dat hulle dit nie ten koste van hulself doen nie. Kort voor lank is hulle die prooi van onvervulde behoeftes en onvergenoegdheid – net omdat hulle die (valse) vrede wou bewaar.

- 💜 Toegee mag ook nie deur een maat afgedwing of geforseer word nie. Dit moet 'n vrye keuse bly. Anders lei dit net tot die onderdrukking en opkropping van verdere negatiewe gevoelens. Die meer beherende persoon kan hier maklik druk op sy/haar meer inskiklike maat plaas.

Om toe te gee vind natuurlik makliker plaas by minder belangrike aangeleenthede en waar een persoon nie so sterk soos die ander oor 'n saak voel nie.

Gaan 'n kompromie aan

'n Kompromie is 'n ooreenkoms waarin albei persone iets toegee. Elkeen offer ter wille van die verhouding iets op. Elkeen is bereid om nie sy/haar eerste, individuele moontlikheid of oplossing te kies nie, maar 'n tweede wat vir die verhouding self beter is. In Janus en Janine se geval gaan hulle byvoorbeeld twee maal per maand fliek (*sy voorkeur*) – in plaas van elke week – en twee maal per maand by die huis bly of iets anders doen (*haar voorkeur*).

In hierdie tipe besluitneming het ons meestal te doen met behoeftes of gedrag waaroor elke party ewe sterk voel en waar elkeen ook ewe sterk op sy of haar regte staan. In 'n verhouding van twee gelyke vennote beweeg ons al meer in dié rigting. Dit laat ruimte vir individuele behoeftes, elkeen gee in dieselfde mate prys.

Aanvaar om te verskil

Alle verskille kan nie deur toegewings en kompromieë tot goeie besluite lei nie. Verskille kan só diep lê dat maats moet aanvaar dat hulle nie vanself kan verander sonder om iets van hul menswees prys te gee nie.

In 'n verhouding moet daar ruimte wees vir unieke geaardhede en gedrag. Ruimte beteken dat jy jou maat vry moet laat om sy/haar gedrag op sy/haar eie manier te beoefen en uit te leef. Ons is nie net een nie, ons is ook twee afsonderlike, unieke mense. Sandra sal byvoorbeeld moet aanvaar dat sy alleen nie Sarel se sosiale behoefte kan bevredig nie en dat hy baie ander vriendskappe nodig het. Hy sal hierdie behoefte ook buite die huwelik moet bevredig. Op dieselfde manier moet hy intieme vriendskappe leer geniet en ruimte maak vir haar ingekeerdheid. En dit is wesenlik van die liefde – om te leer aanvaar wat nie vir my maklik is nie.

Voer besluite prakties uit

'n Besluit moenie net iets wees wat in die lug hang en uiteindelik in die niet verdwyn nie. Dit moet as 'n duidelike riglyn dien vir elkeen se toekomstige optrede en dit moet iets wees waarby albei partye probeer hou en waartoe hulle hulle verbind.

Gesamentlike, duidelike verstandhoudings moet deur die jare opgebou word om te bepaal hoe daar in die huwelik en in die gesin saamgeleef gaan word. In ons eie huis met jong volwassenes het die volgende reëls oor die telefoon gegeld om onnodige konflik en chaos te vermy:

💗 Ouers se werkoproepe kry voorkeur bo dié van die kinders.

💗 Gewone oproepe mag nie langer as 10 minute duur nie.

💗 Kuier- en langafstandoproepe moet ná nege-uur in die aand gemaak word.

💗 Alle boodskappe vir ander gesinslede moet skriftelik op die betrokke persoon se lessenaar neergesit word.

Dit klink omslagtig vir iets soos 'n telefoon, maar dit geld des te meer vir ons interaksie. Dit is belangrik om gemaklik saam te leef en onnodige konflik uit te skakel. Dit gee veiligheid en sekuriteit, dit verminder onnodige irritasies en voorkom chaos.

Dit is belangrik dat elkeen hom/haar sal verbind om 'n ooreenkoms na te kom todat daar later weer anders besluit word.

Besluite en ooreenkomste moet soepel wees en van tyd tot tyd verander en aangepas word. Dit moet ook ingestel wees daarop om die individuele behoeftes en gedrag van elke persoon tot sy reg te laat kom.

Aanpassing is 'n tydsame proses: 'n Proses waarin een nie al die beheer het nie, maar waar ons in voeling met mekaar moet bly om al hoe gemakliker by mekaar in te skakel en onsself te wees.

'N KORT SAMEVATTING VAN DIE HANTERING VAN KONFLIK

Omdat ons nou reeds 'n paar hoofstukke aan opbouende kommunikasie gewy het, gaan ek dit ter wille van duidelikheid kortliks saamvat:

💗 Besef en aanvaar dat jy negatief voel en moenie die *anger* ontken, onderdruk of onbeheers uitleef nie.

💗 Blaas op die een of ander positiewe manier stoom af sodat jy beter in beheer van jouself is. As jy nie is nie, wees volwasse genoeg om 'n stop-aksie uit te roep en die geveg eers te onderbreek.

💗 Probeer agterkom waarom en waaroor jy kwaad is en sorg dat jou gesindheid reg is voordat jy toetree – jy moet gereed voel om jou maat se kant aan te hoor.

- ♥ Kies die regte tyd en plek om duidelik te sê waarom jy kwaad en ongelukkig voel – *timing* is belangrik.
- ♥ Laat die een wat eerste ontsteld was eerlik sê hoe hy/sy voel en dit verwoord met 'n ek-boodskap: "Ek is kwaad omdat ..." Wees spesifiek en moenie veralgemeen nie.
- ♥ Die ander party moet luister en, omdat 'n saak sensitief is, seker maak dat hy/sy die boodskap reg gehoor het. Hy/sy sê: "Ek hoor jou sê ..." voordat hy/sy reageer. Ruil daarna rolle om.
- ♥ Sorg dat julle seker is van mekaar se gevoelens en belewenis voordat julle keuses maak wat tot aksie oorgaan.
- ♥ Spreek een spanningsveld of probleem op 'n slag aan.
- ♥ Kom mekaar tegemoet wanneer julle besluite neem en ondersteun mekaar in die besluite en die uitvoer daarvan.

Kom ons kyk of julle ook 'n verdere bousteen kan lê.

OEFENING 2

Individueel

Voltooi die volgende sinne in jou oefeningboek:

1. Wanneer ons bots, voel ek of kan ek nie ...
2. Ek voel gefrustreerd oor ...
3. Wat jy nog steeds nie verstaan nie, is ...
4. Wat myns insiens nog steeds nie tussen ons opgeklaar of bevredigend opgelos is nie, is ...
5. Konkrete dinge waaraan ek graag wil werk, is ...

Julle twee saam

Deel die antwoorde met mekaar. Probeer 'n gevoeligheid (net een op 'n slag) uitklaar, mekaar verstaan en ook praktiese maniere soek om dit ligter te maak in die verhouding.

VEREISTES VIR VOORTGAANDE HARMONIE

Die manier waarop mense aanpas en verander in elke unieke verhouding is ingewikkeld en kan nie in die bestek van hierdie boek behandel word nie. 'n Persoon kan sy/haar eie gedrag versterk ten opsigte van sekere aspekte; ten opsigte van ander aspekte groei hy/sy mettertyd in die rigting van sy/haar maat. In nog aspekte ontwikkel 'n paartjie 'n eie unieke gedragstyl waarin hul gedrag vermeng raak. En die kombinasies is legio.

Ter afsluiting kan ek die volgende beklemtoon om julle te help.

♥ 'n Mens moet bewus raak van jou eie gedrag, dit ken en verstaan – ook in die konteks van jou eie agtergrond. Hoe beter jy jouself ken en verstaan, hoe gemakliker bou jy 'n verhouding. Jy moet ook jou maat se gedrag leer verstaan en aanvaar in die konteks van sy/haar eie agtergrond.

♥ Jy moet bewus word van hoe jou maat se gedrag jou raak en dit op die "regte" manier aan hom/haar oordra. Al veroorsaak dit pyn, is openhartigheid die basis waarop twee mense mekaar uiteindelik sal kan vind. Jy moet bewus wees van en sensitief wees vir die uitwerking wat jou gedrag op jou maat het. Dit sal 'n aanduiding gee van waar jy moet verander.

♥ Dit is belangrik dat elkeen verantwoordelikheid vir sy/haar eie gedrag aanvaar, dat die een hom-/haarself nie verontskuldig dat dit maar is soos hy/sy is en dit nie kan help nie. 'n Mens beskuldig ook nie jou maat daarvan dat hy/sy die oorsaak van jou optrede is nie. Dít vra 'n goeie selfbeeld en volwassenheid.

♥ Julle al twee moet jul behoeftes teenoor mekaar uitspreek. Sê weer vir jou maat wat jy graag wil hê en waaraan jy 'n behoefte het. Beskou jou maat se behoeftes in 'n ernstige lig, al voel jy totaal anders daaroor.

♥ Julle al twee moet 'n goeie kans kry om die verhouding te beïnvloed. Die een mag nie die bepalende maat wees en oor die ander heers nie. Wees versigtig vir selfsug wat so maklik tussen mense kom staan. Gee en ontvang moet in goeie balans met mekaar wees.

♥ Wees gewillig om jou gedrag aan te pas.

♥ Werk hard aan die konkrete dinge waaroor julle ooreengekom het.

♥ Staan mekaar by en ondersteun mekaar. Moenie verwyt wanneer dinge nie na wense verloop nie. Sluit nuwe ooreenkomste en beplan nuwe aksies. Alles verloop nie altyd soos ons dit verwag nie.

♥ Laastens moet elkeen sy/haar eie identiteit behou en nie sy/haar individualiteit prysgee vir die eenheid nie. Gesonde eenheid bestaan uit twee unieke stemme wat 'n duet sing.

Eers wanneer twee mense uitgepraat en dinge op 'n konkrete vlak goed aangepak het, kan hulle na die sagte en teer kant van die liefde kyk. Die Here het vir ons die seksuele geskenk om die soms harde disharmonie weer te laat harmonieer in die liggaamlike eenwording. Seks bly egter ook 'n sensitiewe stuk kommunikasie tussen man en vrou.

HOOFSTUK 7
Sensitief vir die seksuele

'N INTEGRALE DEEL ...

Seks is 'n wesenlike deel van menswees, van ons interaksie, van ons intieme kommunikasie met mekaar. In 'n knipoog, met 'n soen of 'n vinnige drukkie, dra jy betekenis oor. Jy kommunikeer dat jy iets vir jou maat voel, dat jy van hom/haar hou. In die liefdespel wys jy op 'n ander manier as met woorde dat jy jou maat liefhet, dat jy jouself aan jou maat wil gee – liggaam en gees.

Die seksuele is geen aparte, geheimsinnige deel van ons verhouding nie. Dit is intens verweef met alle ander dimensies en patrone. Staan twee mense byvoorbeeld met hul voete meer in die tradisionele verhouding, sal die vrou die inisiatief van die man verwag, maar ook verantwoordelik voel om haar man se seksuele behoeftes te bevredig. In die vennootskapverhouding sal man en vrou meer geneig wees om wedersyds inisiatief te neem en verantwoordelik vir mekaar te voel. Is daar weinig "ons" in 'n verhouding, leef man en vrou meer op hul eie, sal die frekwensie van die liefdespel daardeur beïnvloed word.

Is daar in 'n verhouding 'n ongevoeligheid of 'n magstryd teenwoordig, sal dit deurwerk na die seksuele en sal die twee mekaar fisiek dienooreenkomstig behandel.

Swak kommunikasie en onuitgesorteerde konflik laat duidelike letsels en dra by tot vele seksuele spanninge en 'n kringloop van verdere probleme.

Andersyds is dit ook waar dat die seksuele 'n kragtige invloed op 'n verhouding het. As daar aanraking, teerheid en nabyheid is en twee mense seksueel gelukkig voel, straal dit deur na hulle hele verhouding.

Met die seksuele bedoel ek nie net geslagsgemeenskap nie. Ek praat ook van die daaglikse seksuele interaksie: Die manier waarop man en vrou mekaar koester en belangrik laat voel; die manier waarop hulle mekaar se identiteit as man en vrou versterk; die bevestiging dat hulle mekaar begeer en liefhet en psigies en fisiek na aan mekaar wil kom. Die seksuele is 'n kommunikasie van ons liefde, 'n ervaring in nabyheid, 'n groei nader aan mekaar. In die seksuele staan elkeen op 'n ander manier kwesbaar voor die ander. Daarom moet ons leer om met sensitiwiteit en oorgawe die liefdespel te speel en dit as 'n kuns van die lewe te ontwikkel.

DIE BETEKENIS VAN DIE SEKSUELE

Ek vra dikwels aan mense waarom die Here die seksuele geskep het. Die eerste antwoorde is gewoonlik: "Vir voortplanting" of: "Om die mens se voortbestaan te verseker." As dít die enigste doel was, sou seks vir die mens feitlik dieselfde beteken het as vir die dier – bloot 'n biologiese behoefte of daad.

Seks by die mens is nie net 'n eenvoudige paringsaksie nie. Dit is meer kompleks, soos ons weldra sal sien, en dit het 'n veel dieper betekenis.

Die seksuele is 'n behoefte om te verken en ontdek, nie net ons andersheid as mens nie, maar ook ons man- en vrouwees. Dit is 'n ander manier van nabyheid kommunikeer en ervaar. Dit is 'n uitdrukking en belewenis van intimiteit en eenheid. Dit verbind man en vrou aan mekaar in 'n eksklusiewe band wat alle ander partye uitsluit.

Die seksuele is ook 'n spel wat diepe vreugde bring en 'n genadegawe wat ons mag en moet geniet. Dit wil op 'n besondere manier die genot en vreugde in 'n verhouding verhoog. Dit moet 'n vreugdeslied wees en die verhouding laat borrel. (Ons sal sien hoe Hooglied dit besing.)

Binne die permanente liefdesband is die seksuele 'n gawe van God – 'n uitdrukking van liefde en teerheid waarin ons man-en-vrouwees ons eenheid met mekaar versterk en bekragtig word. Dit is 'n verryking van ons lewe.

SEKS EN DIE BYBEL

Ons Westerse moreel is sterk deur die Griekse dualistiese mensbeskouing beïnvloed. Daarvolgens neig ons om te voel dat die mens uit twee komponente bestaan: 'n liggaam en 'n gees. Die gees is die hoër en die liggaam die laer deel. Die liggaam is "vleeslik" en sy tipiese behoeftes dikwels sondig. In die huwelik is seks toelaatbaar as dit 'n doel dien, naamlik voortplanting. Maar dit moet soos alkohol met streng matigheid gebruik word. Dit mag geensins verheerlik word nie – laat staan nog geniet word!

Die tipiese Joodse moreel wat in die Bybel weerspieël word, bevat niks van hierdie Griekse dualisme nie. Vir die Jode en vir die God van die Jode is die mens 'n eenheid en die liggaamlike geensins op 'n laer vlak as die geestelike nie.

Die Prediker benadruk herhaaldelik dat 'n mens moet sorg dat jy jou kos en wyn geniet. Die seksuele word as 'n gawe van die Here gesien en vurig besing. Hooglied is van begin tot einde liefdesliedere met 'n sterk erotiese en seksuele inslag. "My borste is soos torings. Daarom is ek vir die man wat ek liefhet iemand wat hom gelukkig maak" (8:10). Wanneer die meisie haar hartsbegeerte uitspreek, sê sy: "Dan het ek jou gesoen as ek jou in die straat kry ... Dan het ek jou saamgevat en na my ma se huis toe gebring en het jy my daar die kuns van die liefde geleer" (8:2). Wanneer die man die meisie se liggaam beeldryk beskryf, sê hy: "Jy is so mooi, so bekoorlik, liefste, met soveel wat geniet kan word" (7:6).

Daar is nog baie sulke voorbeelde. Lees gerus self die hele Hooglied. Daar is geen goedkoop seks in Hooglied nie, maar die seksuele word sonder huiwering besing. Die Bybel frons nie oor die seksuele nie, maar is sterk en gesond positief daaroor.

Júlle mag ook positief daaroor voel. Julle mag die volle genot en vreugde van die seksuele ervaar. Die vervulling is egter nie vanselfsprekend nie. Dit is 'n mite dat die seksuele natuurlik en spontaan is.

DIE KOMPLEKSITEIT VAN DIE SEKSUELE

In die liefdesuitlewing tussen man en vrou is daar veral drie hoofkragte wat die liefdespel meer kompleks maak as wat ons dink. Al bespreek ek hierdie drie kragte afsonderlik, staan hulle voortdurend in wisselwerking met mekaar:

- ❤ houdings (oor die seksuele);
- ❤ die liggaam, en
- ❤ die emosies.

ONS HOUDING TEN OPSIGTE VAN DIE SEKSUELE

Ons houding – wat sy oorsprong het in ons agtergrond – kan nie losgemaak word van die manier waarop die kennis van seks aan ons oorgedra is nie. Daarom eers iets hieroor.

Baie van ons het grootgeword in 'n ouerhuis met 'n Victoriaanse moreel. Ouers het in baie gevalle die seksuele altyd onder die komberse toegehou. Nie net was hulle skaam en skugter om met hul kinders daaroor te praat nie, hulle was selfs teenoor hul eie huweliksmaat skaam.

Ouers het nie hul kinders van kleins af geleer dat hulle seksuele wesens is nie. Hulle het die onderwerp probeer vermy en hul seksualiteit onderdruk – wat die natuurlike onnatuurlik maak en skewe en negatiewe houdings kweek.

Dikwels het ook 'n afkeurende en bestraffende houding in 'n natuurlike situasie na vore getree. Twee kleuters wat byvoorbeeld sonder broekies betrap is, moes dit behoorlik ontgeld, dikwels met 'n goeie pak slae. En eintlik is dit net 'n natuurlike poging van 'n kind om sy eie nuuskierigheid te bevredig en seker te maak van sy eie geslagtelikheid – of sy 'n meisie en hy 'n seun is. Dit is nie as 'n natuurlike opvoedingsgeleentheid gebruik nie. Opvoeding in dié verband is só belangrik.

In verskillende huise het die benaminge vir die seksuele en alles wat daarmee verband hou ook verskil, om weer eens geheimsinnigheid en onnatuurlikheid te laat posvat. En dit is versterk deur agteraf daaroor te lag of te spot.

Kinders is meestal nie opgevoed om verantwoordelik met hul eie seksuele gevoelens en drange om te gaan nie. Ouers het net altyd vermaan en die gevare – veral vir meisies – onderstreep: "Moenie dat 'n man jou daar en daar aanraak nie; loop weg wanneer 'n man se broek 'n knop vorm; mans is altyd net ingestel op een ding," ensovoorts

Hoe die fisieke in 'n gesonde verhouding behoort te ontplooi en groei, moet jongmense meestal maar self uitvind. Hulle word nie geleer om die vinnig ontwakende drange te hanteer nie en baie ervaar daarom onnodige skuldgevoelens en pyn.

Kennis oor die seksuele word makliker opgedoen by vriende – wat dikwels net so min weet. En wat hulle weet, is dikwels skeef. En wie stel hierdie kennis ooit reg? Onkunde kan skewe en negatiewe houdings by 'n mens laat. Hoe ons uiteindelik oor seks voel, het 'n bepalende invloed op ons eie liefdesinteraksie.

Hoe het jou ouers teenoor die seksuele gestaan? 'n Ma wat byvoorbeeld aan haar dogter oorgedra het dat sy haar man seksueel gelukkig moet hou, kan seks as plig in haarself versterk. En plig neem die spel en plesier uit die liefdemaak! As 'n pa aan sy seun oorgedra het dat 'n vrou al hoe meer terughoudend en koud word, kan hy elke nee en haar swakker behoefte (as syne) aan die seksuele as koud ervaar. Skewe persepsies word gevorm wat die houdings kan versterk.

In ons land is daar dikwels seksuele misdade soos aanranding, molestering en verkragting. As so iets met iemand gebeur het, kan dit hierdie persoon baie negatief stem of hom/haar selfs blokkeer vir die seksuele. Hiervoor is sielkundige hulp en verwerking nodig om weer gesond in 'n intieme verhouding te kan funksioneer.

Enige negatiewe ervaring, houding, onnodige skaamte en skuldgevoelens werk stremmend in op die seksuele verhouding. 'n Gesonde, positiewe houding help om inhibisies af te skud, jou oor te gee, te waag en te eksperimenteer – om 'n vervullende liefdespel op te bou.

Dink ernstig na oor jou eie seksuele houdings en evalueer waar jy staan.

OEFENING 1

Individueel

Word bewus van jou eie gevoelens wanneer jy die volgende vrae in jou oefeningboek beantwoord:

1. Hoe voel jy oor jou eie liggaam? (Dit is 'n aspek van jou selfbeeld.)
2. Hoe voel jy oor naaktheid?
3. Hoe voel jy oor jou eie geslagsorgane? Het jy hierdie liggaamsdele al deeglik ondersoek en bestudeer?
4. Hoe voel jy oor die vertroeteling en stimulering van jou geslagsorgane deur jou huweliksmaat?
5. Hoe voel jy oor orale seks?
6. Hoe voel jy daaroor om met jou maat oor jou belewenis en behoeftes van jul liefdespel te praat?

Opmerking

Het ek jou verleë laat voel? Dit was beslis nie my doel nie. Ek wil net graag hê jy moet eerlik wees met jouself hieroor. Dit gaan bepaal of jy jouself werklik sal kan gee in jul seksuele verhouding.

'n Positiewe en gesonde houding teenoor jou eie liggaam, jou geslagsorgane en seksuele liefdespel is 'n belangrike fondament vir jul eie seksuele verhouding. As gelowiges mág julle positief wees.

DIE LIGGAAM
In oefening 1 is reeds na die liggaam verwys. Hoe jy oor jou liggaam voel, het 'n sterk invloed op jul seksuele interaksie. Hier wil ek enkele sake beklemtoon:
❤ Om goed te voel oor jouself en jou eie liggaam is bevorderlik vir die liefdespel.
❤ As jy nie goed voel oor jou eie liggaam nie (jou liggaamsbeeld is deel van jou selfbeeld), kan jy jou moeilik oorgee in jou liggaamlikheid. As jy te vet of te maer, hier te kort en daar te lank voel en nie jouself aanvaar nie, as jy skaam voel en jou wil bedek en wegtrek, kan jy nie maklik spontaan reageer nie.
❤ Gesondheid en 'n gesonde liggaam gee energie vir mekaar, vir die seksuele spel, vir alles. Wanneer jy moegerig en siek voel, verg die liefdespel maklik te veel inspanning. Sekere medisyne, veral chroniese medisyne en antidepressante, kan ook die libido verminder.

♥ Die goeie hantering van stres en spanning verhinder ook dat jy lig-gaamlik uitgeput en afgerem raak. Stres en spanning is dempers in 'n seksuele verhouding. Stres kan by sommige meebring dat seks 'n vinnige ontladingsklep word, sonder diepte en 'n nabyheids-belewenis.

DIE EMOSIES

Soos ek reeds gesê het, gee gevoelens kleur, diepte en intensiteit aan die lewe. Juis in die liefdespel wys en bewys ons die kragtige gevoel van liefde en toegeneentheid aan mekaar. Baie gevoelens van onder meer teerheid, koestering, opwinding en genot verhef dié spel bo ander, maak dit vir die man en vrou 'n ervaring van gedeelde ekstase en een-heid. Vir baie bied dit ook 'n hawe van veiligheid en aanvaarding.

Al sukkel sommige mans dikwels met hul emosionele kant, kry party dit in die interaksiespel goed reg om hul kwesbare kant en gevoel meer te wys. Vroue moet sensitief wees daarvoor.

Huidige gevoelens, positief en negatief, in jouself en teenoor jou maat, oefen ook altyd 'n invloed uit op die liefdespel. Negatiewe gevoe-lens kan oorgaan en as 'n magsmiddel aangewend word om julle naby-heid te verhinder. Positiewe gevoelens dra en ondersteun die seksuele.

Buiten hierdie drie kragte, is daar ook verskille tussen man en vrou wat die fyn aanvoelingspel nie juis vergemaklik nie.

VERSKILLE TUSSEN MAN EN VROU

Hoewel die psigiese verskille tussen man en vrou hoofsaaklik weens so-sialisering ontstaan, is daar op die sek-suele vlak wel belangrike en duidelike verskille wat 'n gevoelige uitwerking op die seksuele maar ook op die gewone interaksie het.

Ek wil graag die volgende verskille beklemtoon:

♥ Die man se seksdrang is nie nood-wendig sterker as dié van die vrou nie – 'n vrou se behoeftes kan net so

sterk en selfs sterker wees. 'n Man het egter 'n groter fisieke dring-
endheid. Hy tree veral in die jonger jare meer fisiek toe omdat
daar 'n sterk liggaamlike opbou in sy liggaam is wat ontlading vra.
'n Vrou se seksuele drange is minder liggaamlik bepaal. Haar pri-
oriteite is dat haar man haar moet liefhê en deurgaans baie moet
aanraak en sy toegeneentheid moet wys – en nie net met die oog
op gemeenskap nie. Sy neig om meer emosioneel tot die liefdespel
toe te tree.

❤ 'n Man is visueel ingestel en raak geprikkel deur sy oë, sexy klere,
die liggaam, meer uiterlike dinge. Dit kan hom vinnig opwek. 'n
Vrou is minder visueel ingestel en word opgewek deur die gevoel
dat sy begeer en bemin word. Juis die visuele maak dat die man
altyd kyk – ook na die skoonheid van ander vroue. Waar dit vir hom
'n pluspunt is, is dit vir haar 'n minus en baie vroue voel bedreig
daardeur.

❤ 'n Man raak gouer geprikkel en opgewek. Hy kan binne enkele
sekondes gereed wees vir gemeenskap, terwyl dit vir 'n vrou 'n tyd-
samer proses is. Wat by hom in sekondes geskied, duur by haar
minute of selfs langer. Ook wat die klimaks betref, bereik die man
dit meestal veel vinniger as sy vrou. Daarom is die voorspel met sy
langer opwekking vir die vrou belangriker as vir die man – dikwels
is dit selfs vir haar genoeg.

❤ 'n Man se seksuele piek lê in die laat tiener- en vroeë twintigerjare,
terwyl 'n vrou s'n 'n hele paar jaar later is, meestal in haar vroeë
dertigerjare. Daar is bevind dat sy die spel eers heelwat later ten
volle geniet, met gepaardgaande verhoogde intensiteit van die
plato- en orgasmiese fase. Dit kan 'n frustrasie in die jong huwelik
wees, want dit bring mee dat die man soms meer robuust toetree
en wil eksperimenteer – dinge waarvoor die vrou nog nie gereed is
nie.

❤ Wat die bereiking van orgasme tydens gemeenskap betref, is daar
groot verskille. 'n Man bereik met penetrasie gemaklik 'n seksuele
klimaks, terwyl vaginale stimulasie vir die meeste vroue nie vol-
doende is om 'n orgasme te bereik nie. Tussen 70 en 80% van alle
vroue is afhanklik van klitorale stimulasie. Navorsing hieroor toon
ook dat net 20 tot 30% vroue in werklikheid tydens gemeenskap 'n
orgasme kan bereik – dan gebeur dit meestal weens 'n indirekte
stimulasie van die klitoris.

Meeste vroue is multi-orgasmies, dit wil sê hulle kan binne enkele minute 'n tweede en derde orgasme bereik. 'n Man is enkel-orgasmies. Hy is alleen tot 'n volgende orgasme in staat ná 'n refraksieperiode of hersteltyd wat langer duur – meestal enkele ure.

♥ Hoewel sowel die man as die vrou broos is wanneer dit by seksuele toenadering kom, beleef hy 'n nee van sy vrou gouer as verwerping. Sy ego is sterk gekoppel aan sy penis. Die vrou moet dit met groot begrip en liefde aanvaar. Hy egter ook.

DIE VIER FASES VAN DIE LIEFDESPEL

Hieroor kan ons baie in verskillende seksboeke lees. 'n Goeie standaardboek oor seks kan ons nie leer om liefde te maak nie. Daarvoor is die spel te uniek en sensitief, maar dit vorm 'n goeie bron van kennis en 'n positiewe houding.

Die liefdespel is 'n spel sonder grense. Daarbinne is alles wat vir albei genot en bevrediging bied, veroorloof. Ons mag onsself in vryheid aan mekaar gee, mekaar tot hoogtes voer, op allerhande maniere ons liefde vir mekaar betuig.

Daar is geen standaarde waaraan ons ons hoef te meet of waaraan ons hoef te voldoen nie. Elkeen moet met 'n fyn instelling en aanvoeling en met begrip sy/haar maat ontdek. En wat vir hulle die beste werk, sal hul unieke behoeftes die meeste bevredig.

DIE OPWEKKINGSFASE

Dit is die voorbereidende spel waarin die liggaam en gees voorberei word vir eenwording. Fisiek bring dit 'n verhoogde bloedtoevoer na die geslagsorgane mee en 'n neurologiese spanning bou in die liggaam op.

Fisiek en psigies is dit 'n intieme manier van saamspeel, mekaar troetel en vertroetel, mekaar laat lekker kry en opgewonde maak. Dit is 'n streling en stimulasie van die gevoelige areas van mekaar se liggame wat ook figuurlik gesproke warmte en intimiteit skep.

Dit bly vir my jammer dat baie pare ná die eerste opwinding van die liefdespel verby is so min op hierdie fase konsentreer en daarby verbystap. Dit is juis hierdie fase waarin ons mekaar leer ontdek, gevoelig raak en mekaar opwek vir 'n grootse belewenis saam. Vir die vrou is die opwekkingsfase veral van groot belang. Sy moet met rustigheid geliefkoos en gestimuleer word – want vir haar is dit dikwels kardinaler as wat gaan volg. Dit is dan dat sy die liefde van haar man konkreet ervaar en haarself makliker vir hom gee.

Die man hoef nie bang te wees of te skrik as hy sy ereksie in hierdie tyd tydelik sou verloor nie. Sy vrou kan hom help om dit weer terug te kry as sy aktiewer betrokke raak in die spel vanweë haar verhoogde opwinding. Dit is juis lekker om die aktiewe en passiewe rolle te wissel.

Ons moet leer eksperimenteer en byna terugkeer na die verliefdheidsfase toe ons nog "gevry het dat ons ore hang." Vandag is daar ook interessante "speelgoed" soos masseringsrome, liggaamsverf en selfs vibrators wat skop en opwinding in hierdie belangrike fase kan bring.

DIE PLATOFASE

Die platofase is 'n voortsetting van die opwekkingsfase, met dié verskil dat die geprikkeldheid en opwinding van die paartjie al hoe hoër raak en die intensiteit van die genot, ook psigies, al hoe meer verhoog. Dit is die tydperk net voor 'n orgasme plaasvind.

Hierdie fase kan van korte duur wees of uitgerek word. Deur ervaring en oefening kan die paartjie dié opwindende tyd ook verleng. Hoe? Een van die belangrike dinge is dat die man moet besef en leer dat hy sy orgasme en ejakulasie kan beheer. Hy moet deur herhaalde eksperimentering vir homself bepaal hoe ver hy kan gaan en wanneer hy moet stop voordat ejakulasie onvermydelik word. Deur sy eie prikkeling tydelik te verminder of selfs te verbreek, met miskien groter konsentrasie op sy vrou, kan ook sy hierdie fase betree of kan albei saam langer daarin bly.

Die liefdespel bereik egter 'n punt waar geen omkeer vir een of albei moontlik is nie.

DIE ORGASMIESE FASE

Soos ek reeds gesê het, hoef nie alle seksuele interaksie of elke liefdespel noodwendig tot 'n orgasme te lei nie. 'n Orgasme en al die tegnieke om dit te bewerkstellig, mag nooit tot die alfa en omega verhef word nie. Die belangrikste is die vreugde van samesyn en ons belewenis van liefde en eenheid.

'n Orgasme is 'n reeks onwillekeurige kontraksies in die spiere van die geslagorgane wat gepaardgaan met sterk seksuele gevoelens en intense genot. Fisiek lei hierdie sametrekkings daartoe dat seksuele

spanning verlig raak en die verhoogde bloedtoevoer na die geslagsor-
gane weer na normaal terugkeer. Psigies is dit ook 'n diep ervaring van
liefde en nabyheid. Dit is die klimaks in die spel.

'n Pasgetroude man mag hier 'n probleem met premature ejaku-
lasie hê – dit wil sê, hy bereik sy orgasme so vroeg dat die liefdespel vir
albei onbevredigend eindig. (Soos ek reeds by die platofase genoem
het, kan die man ejakulsiekontrole leer beoefen.) Aan die ander kant
kan die vrou dit aanvanklik moeilik vind om 'n orgasme te bereik. Dit
is geensins vanselfsprekend dat dit van die begin van gemeenskap af
sal gebeur nie. Vir die vrou is die bereiking van 'n orgasme 'n groei-
proses wat gewoonlik met tyd kom.

'n Orgasme by die vrou word veroorsaak deur die stimulasie van die
klitoris. Daar is net een orgasme – 'n klitorale orgasme. Ook vir dié
vroue wat tydens gemeenskap 'n orgasme bereik, is die hoek van pene-
trasie meestal van so 'n aard dat die klitorale area direk of indirek ge-
stimuleer word. Daarom is dit belangrik om verskillende posisies uit
te toets sodat man en vrou kan ontdek watter posisie die stimulerend-
ste vir veral die vrou is.

Dit bring ons by twee belangrike dinge:

♥ Die liefdespel is geensins minderwaardig as die vrou klitoraal tot 'n
orgasme gestimuleer moet word nie. Dit is wesenlike deel van die
liefdespel. En omdat sy meer as een orgasme kan bereik, mag die
volgende een wel met penetrasie geskied.

♥ Gelyktydige orgasme moet nie vir man en vrou 'n ideaal wees nie.
Dit geskied meestal net in 20% van alle gevalle.

Jong vroue vra telkens: "Hoe weet ek dat ek 'n orgasme gehad het?"
Dié wat wel reeds 'n orgasme beleef het, behoort dit sonder twyfel te
weet. Terwyl sy self 'n onbeskryfbare golf van genot ervaar, is daar ook
uiterlike tekens van die liggaam wat dit bevestig – die vel slaan in
hoendervleis uit, die bene of ander liggaamsdele beweeg ritmies, daar
is 'n sigbare ereksie van die tepels en dikwels ook genotvolle klanke.

Ander vra weer of dit belangrik is om werklik orgasmies te wees.
Natuurlik bly die emosionele faktor vir die vrou die belangrikste en as
sy gelukkig en tevrede voel en haar man ook, moet ons nie na uiter-
like standaarde soek nie.

Die meeste vroue kan 'n orgasme bereik. Om twee redes dink ek tog
dat dit die moeite werd is om daaraan te werk.

- 'n Vrou beleef nog meer genot, groter opwinding en bevrediging wanneer sy 'n orgasme bereik. My ervaring getuig dat vroue meer toegeneë tot seks raak wanneer hulle hierdie vermoë ontwikkel. En mans voel baie goed daaroor.
- Dit is fisiologies vir die vrou gesonder dat die spanning wat tydens die opwekkingsfase opbou, ná gemeenskap so gou moontlik normaliseer sodat sy rustig en ontspanne kan voel. 'n Orgasme versnel hierdie ontspanningsproses.

Daar is bevind dat vroue wat kort voor 'n orgasme eindig, dikwels lae buikpyne ervaar en kort ná gemeenskap moeiliker aan die slaap raak.

DIE NASPEL
Ná die klimaks soek albei, maar veral die vrou, bevestiging van liefde en nabyheid. Sy wil nog 'n bietjie gestreel en vasgedruk word om die intimiteit ten volle te beleef.

En hierdie belewenis kan weer die voorspel vir die volgende liefdespel wees.

STIMULANSE EN DEMPERS

Kom ons begin by die stimulanse wat groei in die seksuele verhouding aanmoedig. Maar ons moet ook van die dempers kennis dra.

STIMULANSE
- Albei maats inisieer die spel en albei speel 'n aktiewe en passiewe rol. Die een wat die inisiatief neem, stel hom-/haarself kwesbaar en albei moet daaraan blootgestel word.
- Skep 'n rustige, oop atmosfeer tussen julle. Ruim alle konflikte uit die weg.
- Skep privaatheid. Julle moenie voel dat julle gesteur kan word nie. Daar moet verkieslik 'n romantiese atmosfeer heers.
- Wissel die plek en tyd af – doen dit soms in die middel van die dag of in die natuur of op 'n ander plek as die slaapkamer.
- Eksperimenteer met nuwe moontlikhede om mekaar te stimuleer, die spel avontuurlik te maak, nuwe posisies te verken, ensovoorts.
- Deel jul fantasieë met mekaar en leef dit uit.
- Aanvaar saam verantwoordelikheid vir geboortebeperking.

- Daar moet 'n wil by albei wees om die ander se behoeftes eerste te stel en te fokus op wat vir hom/haar vreugde bring.
- Daar moet ook 'n wil wees om saam te bou aan jul liggaamlike eenheid en in hierdie gejaagde lewe tyd daarvoor in te ruim.

DEMPERS

- Onnodige skaamheid, inhibisies, vrese en negatiewe seksuele ervarings demp die seksuele begeertes.
- Moegheid en stres is twee euwels van ons tyd wat ons energie kan dreineer en die libido inhibeer.
- Sieketoestande en medikasie.
- Konflik in 'n kritieke tyd.
- Swak kommunikasie en misverstande.
- Te veel alkohol en dwelmmiddels.

SENSITIEWE AREAS

VERSKIL IN TOETREDE

Die man besef nie altyd hoe belangrik die emosionele aspek – die praktiese betoning van liefde, affeksie en die gevoel dat sy vir hom belangrik is, vir die vrou is nie. Sy is ook meer afhanklik daarvan dat daar 'n intieme atmosfeer tussen hulle ontwikkel en indien moontlik 'n stukkie romantiek.

Die vrou besef nie altyd dat sy ook inisiatief kan neem en die liefdespel vir haar man nog avontuurliker kan maak deur spesiaal vir hom mooi aan te trek nie – sexy en verleidelik!

Dikwels loop dinge by die aanvang van die liefdespel reeds skeef. Hy tree miskien oorhaastig toe en sy speel nie saam nie; hy verwag sy moet volgende keer die inisiatief neem, maar sy doen dit nie; die een sê gou en maklik nee en die ander een voel kwesbaar en selfs verwerp, sodat die volgende toetrede oorgevoelig is.

Dit is belangrik dat julle mekaar ruimte gee om nee te kan sê. Twee mense se behoeftes sinchroniseer nie altyd nie. Terwyl die een op 'n bepaalde tydstip lus voel vir eenheid en nabyheid kan die ander een se behoefte in 'n ander rigting trek. Jy moet begrip vir jou maat se kant hê en julle moet met sensitiwiteit daaroor praat.

Hierdie saak word nóg gevoeliger wanneer twee mense se behoeftes of frekwensie om liefde te maak baie verskillend is.

VERSKIL IN BEHOEFTES

Dit gebeur telkens dat die een die liefdespel meer dikwels wil beoefen en die ander minder, of dat die een dit nou wil hê en die ander een later, dat die een nuwe dinge wil probeer en die ander nie daarvoor gereed is nie. Wat staan 'n mens dan te doen?

Vir eers moet ons aanvaar dat dit normaal is. Ook op hierdie vlak, soos op vele ander terreine, is ons verskillende mense en moet ons by mekaar leer aanpas.

Ek noem enkele moontlikhede waarop 'n paartjie kan terugval wanneer behoeftes opvallend verskil:

❤ Die een met die sterker behoefte kan sy/haar frekwensie 'n bietjie laat daal deur sy/haar energie in ander kanale te verplaas. Die ander een kan syne/hare weer aanwakker. Dit is nie sommer 'n besluit nie; dit is 'n langdurige proses van inpas by mekaar.

❤ Julle kan die liefdespel op alternatiewe maniere inrig waarin net die een wat die behoefte het, bevredig word, terwyl die ander een nie voluit saamgaan nie.

❤ As die vrou dalk die een is met die kleiner behoefte, kan sy haar tog dikwels, as sy so kies (maar nie teen haar sin nie), in liefde oorgee. Al ervaar sy fisiek geen hoë vlak van opwinding nie, kan die gevoelservaring van liefde en nabyheid dit tog vir haar lekker maak. Baie vroue bevestig dat hulle dikwels nie lus voel vir seks nie, maar die liefdespel uiteindelik tog geniet.

❤ Masturbasie kan soms ook help, mits albei dit kan aanvaar en positief benader.

Iets meer oor masturbasie omdat dit op sigself ook dikwels 'n sensitiewe area is. Masturbasie is seks in alleenheid, terwyl liefdemaak 'n interaksiespel is. Masturbasie kan by tye 'n normale uitlaatklep vorm, byvoorbeeld voorhuweliks, in die geval van swangerskap, siekte en lang tye weg van mekaar. As dit egter vir iemand belangriker word as om saam liefde te maak of as dit die liefdespel begin vervang, is dit nie meer normaal nie en is daar 'n probleem wat aangespreek moet word.

Soms lê die probleem baie diep, byvoorbeeld 'n onvermoë om werklik naby aan iemand anders te kom.

Ons moet oor ons seksuele behoeftes praat sodat ons duidelik weet waar ons met mekaar staan. Daar is geen algemene of normale maatstawwe vir frekwensie nie. Wat vir 'n egpaar bevrediging bied, is normaal.

KOUDHEID

Daar is vandag baie stresfaktore in 'n huwelik: versnelde lewenstempo, beroepsdruk, sterk materiële verantwoordelikheid, en eise van kinders. Omdat die psige en liggaam 'n eenheid is, werk hierdie stresfaktore ook deur na 'n mens se seksuele verhouding.

'n Man moet nie te gou bekommerd raak as hy by tye weinig libido het of nie 'n sterk genoeg prikkeling ervaar en gevolglik nie 'n ereksie kry nie. As hy te veel daarop fokus, word dit erger. Hy moet sy vrese hieroor eerder met sy vrou deel sodat sy hom in liefde kan help. As sy vaardig en begrypend is, sal sy die vermoë en rustigheid ontwikkel om hom voldoende te stimuleer en die liefdespel tog bevredigend te maak. 'n Vrou ervaar soms koudheid as gevolg van geboortebeperkingspille, swangerskap en moegheid, maar ook as gevolg van woede wat onuitgesorteer is. Sy moet waak daarteen om haarself te etiketteer as "koud" en ook hierin die begrip en liefde van haar man soek. In sulke tye kan ander vorme van die liefdespel op die voorgrond tree. Koudheid kan ook die gevolg wees van twee mense wat te weinig betrokke by mekaar is of wat 'n swak verhouding het met negatiewe gevoelens tussen hulle.

As die probleem egter nie binne 'n redelike tyd opklaar nie, moet die paartjie hulp soek.

DIE KYK–KULTUUR

'n Man het altyd oë vir vroue. Meer as die ander geslag, sien hy die skoonheid van die vrou en haar liggaam raak. Dit trek hom en veroorsaak opwinding en prikkeling. Soos ons reeds gesê het, is die man visueel ingestel en put hy vreugde daaruit.

Vir sy vrou bring dit weer dikwels pyn. Veral in die jong huwelik of vir 'n vrou met 'n swak selfbeeld kan dit baie bedreigend wees. Sy kan sterk negatiewe gevoelens hê, met jaloesie reageer en hom begin wantrou en kontroleer. Die gevolg is stres vir albei.

In ons "kyk"-kultuur van vandag kan dinge te ver gaan. As die man in sy alleen- en privaattyd konstant na erotiese en pornografiese voorstellings in boeke, tydskrifte, op video's of die Internet kyk, hou dit nadelige gevolge vir die huwelik in. Nie alleen gaan dit weerstand en verset – ook op seksuele vlak – by die vrou wek nie, maar seks self word uit die persoonlike liefdesfeer getrek.

As die man se kyk binne perke bly, moet die vrou dit leer sien as deel van die realiteit en dit aanvaar. As hy dit later met haar deel – al sal sy nie altyd daarvan hou nie – werk die openheid en eerlikheid positief in op hul verhouding.

Die liefdespel is só gekompliseer soos die twee mense wat dit beoefen en moet tot 'n kuns ontwikkel word. Hierin speel 'n oop kommunikasiekanaal 'n belangrike rol.

KOMMUNIKASIE OOR DIE SEKSUELE

Seks is nie net 'n vorm van kommunikasie nie, dit het ook kommunikasie nodig.

Hoe weet jy wat jou maat se behoeftes is en wat hy/sy graag wil hê as hy/sy dit nie vir jou sê nie?

Hoe weet jy wat vir jou maat lekker is en hom/haar eroties prikkel as jy dit nie hoor nie? Hoe weet jy wat jou maat se gevoelens, frustrasies en vrese is as julle nie met mekaar praat nie?

Ook in hierdie tere en delikate spel kan ons mekaar net verstaan as ons openhartig gesels en oop met mekaar is.

Kom, praat 'n slag oor jul seksuele verhouding.

In hierdie stadium het julle immers al geoefen hoe om met mekaar te praat.

Individueel

Voltooi die volgende vraelys so eerlik moontlik. Dit dien as voorbereiding en hulp om met jou maat oor jul intieme lewe te praat.

Die man

Ons liefdeskommunikasie

a) Evalueer die volgende fasette (1–11) van julle seksuele verhouding op 'n skaal 1 tot 10 ('n lae telling impliseer weinig ontwikkeling – groei is nodig; 'n hoë telling dui op tevredenheid).

b) Voltooi daarna die volgende vyf sinne (12–16).

1 – 10

1. Sensitiwiteit en begrip vir mekaar in jul daaglikse interaksie.

2. Genoeg rustigheid en tyd om soms alleen saam te wees. Die opbou van 'n romantiese atmosfeer.

3. Die aanraking en betoning van affeksie en teerheid in die alledaagse samesyn, nie net met die oog op gemeenskap nie

4. Die mate van inisiatief en aktiwiteit wat jou maat aan die dag lê.

5. Frekwensie van gemeenskap en die hantering van verskille in dié verband.

6. Liefdevolle aanraking, streling en stimulasie van sensitiewe gedeeltes van die liggaam – die voorspel.

7. Die bereiking van 'n bevredigende orgasme deur gemeenskap.

8. Die bereiking van 'n bevredigende orgasme op 'n ander manier, byvoorbeeld hand/geslagsorgane, mond/geslagsorgane.

9. Avontuur en afwisseling: eksperimenteer met nuwe dinge, tye, plekke, maar ook posisies, ensovoorts.
10. Belewenis van genot en vreugde in die liefdespel.
11. Openhartigheid om te praat oor jul eie liefdespel.
12. My belewenis van ons totale seksuele verhouding is ...
13. Een van die lekkerste dinge wat jy doen om my te stimuleer is, ...
14. Ek wil graag hê jy moet (behoeftes) ...
15. Dinge wat ons kan uittoets, is (nuwe manier van die liefdespel) ...
16. Waarin ek graag wil groei, is ...

Die vrou

Ons liefdeskommunikasie

a) Evalueer die volgende fasette (1–11) van jul seksuele verhouding op 'n skaal 1 tot 10 ('n lae telling impliseer weinig ontwikkeling – groei is nodig; 'n hoe telling dui op tevredenheid).

b) Voltooi daarna die volgende vyf sinne (12–16).

1 – 10

1. Sensitiwiteit en begrip vir mekaar in jul daaglikse interaksie.
2. Genoeg rustigheid en tyd om soms alleen saam te wees. Die opbou van 'n romantiese atmosfeer.
3. Die aanraking en betoning van affeksie en teerheid in die alledaagse samesyn, nie net met die oog op gemeenskap nie
4. Die mate van inisiatief en aktiwiteit wat jou maat aan die dag lê.
5. Frekwensie van gemeenskap en die hantering van verskille in dié verband.
6. Liefdevolle aanraking, streling en stimulasie van sensitiewe gedeeltes van die liggaam – die voorspel.

7. Die bereiking van 'n bevredigende orgasme deur gemeenskap.
8. Die bereiking van 'n bevredigende orgasme op 'n ander manier, byvoorbeeld hand/geslagsorgane, mond/geslagsorgane.
9. Avontuur en afwisseling: eksperimenteer met nuwe dinge, tye, plekke, maar ook posisies, ensovoorts.
10. Belewenis van genot en vreugde in die liefdespel.
11. Openhartigheid om te praat oor jul eie liefde-spel.
12. My belewenis van ons totale seksuele verhouding is ...
13. Een van die lekkerste dinge wat jy doen om my te stimuleer, is ...
14. Ek wil graag hê jy moet (behoeftes) ...
15. Dinge wat ons kan uittoets, is (nuwe manier van die liefdespel) ...
16. Waarin ek graag wil groei, is ...

Julle twee saam

Deel die puntetellings asook die voltooide sinne met mekaar. Onthou, dit is elkeen se persoonlike belewenis van die seksuele verhouding en puntetellings kan aansienlik verskil.

Raak bewus van jou eie, maar ook jou maat se behoeftes, verlangens, vrese of selfs aversies. Beplan ook waaraan julle wil werk en waarin julle wil groei.

Opmerking

Hoe het julle die oop gesprek ervaar? Voel julle nader aan mekaar noudat julle ook hierdie intieme dinge vir mekaar oopgesluit het?
Wat doen julle met al jul goeie voornemens?

Die seksuele is 'n teer plantjie wat afhanklik is van die regte grond en voedingstowwe. Dit wil groei, dit wil blom, dit wil 'n kleurryke plant word. Die blomme en vrugte lê in jul hande.

Ten slotte gaan ek julle daarop wys hoe julle julle aktief kan bywer vir verdere groei.

SLOT

Gaan vir groei

'n Verhouding moet altyd groei, anders gaan dit dood. Groei is vooruitgang en lewe; lewe is groei. Soos ek heel aan die begin gesê het, is die liefde 'n teer plantjie. Hierdie plantjie moet gevoed en gekoester word om sterk te kan groei, om al hoe groter blomme en ryker vrugte te kan dra.

In elke mens en daarom ook elke verhouding is daar geweldige potensiaal tot groei opgesluit. Soos 'n paartjie deur verskillende lewensiklusse gaan en saam op allerlei maniere deur die lewe geraak word, ontdek hulle al hoe meer in mekaar, ontgin hulle die rykdomme in hul verskille, in hul leef en saamleef.

Dié ontdekking en ontginning geskied nie vanself nie. Weinig in die menslike lewe ontwikkel immers spontaan. Dit vra altyd 'n aktiewe proses van voed en koester, meewerk en meedoen. Ons is self daarvoor verantwoordelik om hierdie groei en ontwikkeling te stimuleer en te aktiveer. Ek glo dat dit die bedoeling van God met die huwelik was dat die man die vrou, en die vrou die man help om tot volheid te ontwikkel. Hy wil hê dat ons mekaar sal opbou om net die beste in die ander na vore te bring, om die maat in sy/haar uniekheid te laat blom. Een van die maniere om groei aan te help, wat hierdie boek ook probeer doen het, is om meer introspektief na jul verhouding te kyk. Ek hoop dat julle in die deurwerk van *Naak & Naby* 'n ander perspektief op jul verhouding gekry en ook bewus geraak het van konkrete dinge waaraan julle kan werk. Kom, stel vir oulaas vir jouself en jul verhouding 'n paar duidelike doelwitte. Waarin sou jy op die oomblik die graagste wou groei?

OEFENING 1

Individueel

Voltooi die volgende sinne in jou oefeningboek:

1. Waarin ek graag sal wil groei, is ...
2. Waarin ons saam kan groei, is ...
3. My sterkste behoeftes vir ons verhouding is ...

Julle twee saam

1. Deel die antwoorde op jul vrae met mekaar.
2. Besluit saam op een aspek waaraan julle nou onmiddellik gaan begin werk.

Opmerking

Dit is belangrik om aan een ding op 'n slag te werk. Bemeester dit eers en gaan dan na 'n volgende doelwit. As julle alles gelyk gaan probeer doen, vervaag alles mettertyd.

Evalueer voortdurend die groei in jul verhouding en beplan hoe en waarin julle verder wil groei.

Wat kan julle verder doen om groei te bevorder?

WEES OOP

Geslote of rigiede mense is "vasgemessel" ten opsigte van hul denke, oor die lewe en ander mense. Hul denke is reglynig en vas, wit of swart, reg of verkeerd – daar is geen grys gebiede nie en dit is moeilik om hul horisonne te verbreed.

Geslote mense se interaksie word beperk, want hulle laat weinig ruimte vir andersheid toe. Almal wat te veel van hulle verskil en nie by hul kategorie van mense en gedrag inpas nie, vorm 'n bedreiging en hulle manier word afgeskryf as vreemd, nie toepaslik of selfs foutief.

Individualiteit en andersheid hou vir geslote mense 'n bedreiging in en is vir hulle moeilik om te verwerk. Hulle kry swaar om hul maat te akkommodeer.

Geslote mense se veiligheid lê in hul eie vasgestelde grense van dinge en mense en hulle vind dit baie moeilik om daarbuite te beweeg. Hulle bly op die bekende, veilige pad, gewortel in hul ou manier van doen en hulle verander nie maklik nie. Hul eie veiligheid raak 'n bedreiging vir aanpassing.

Om 'n verhouding te laat groei en blom, moet jy oop wees of daarin ontwikkel. Jy moet kan beweeg en voortbeweeg, bereid wees om te waag, te eksperimenteer en die lewe op 'n nuwe manier aan te durf. Oop mense dink wyd en genuanseerd oor die lewe, want hulle aanvaar die vloeibaarheid van menslike dinge. Hulle sien die kleure en skakerings raak en beweeg weg van vaste idees. Hulle is bereid om hul eie dinge uit te toets, om foute te maak. Oop mense is egter gewillig om uit hul foute te leer, te verstel en te verander. Dit bring mee dat hulle kreatief kan wees om steeds nuwe moontlikhede vir leef en saamleef te ontdek.

In hul interaksie is oop mense ook verdraagsaam: meer nog, hulle laat ruimte vir verskille en andersheid, hulle ontmoet en aanvaar mense soos hulle is. Daarom kan hulle na 'n anderse belewenis luister en gevoelig wees vir die ander kant. Oop mense kan ruimte gee vir die ander, kan kreatiewe rolle skep en die struktuur in 'n huisplan so uitwerk dat elkeen tot sy reg kom. Die oop mens kan ook met 'n positiewe en ontvanklike houding praat en luister. Net die oop mens kan telkens sy/haar eie gedragpatrone wysig sodat hy/sy al hoe beter by sy/haar maat inpas. Om oop te wees is 'n voorwaarde om aan te hou groei.

Hoe oop is jy as mens? Wil jy 'n oper mens word? Waar skiet jy tekort?

Dit is belangrik dat jy bewus sal word van die gebiede waar jy meer plooibaar kan word en dat jy daaraan sal werk.

GEE RUIMTE

Om ruimte te gee, is nou verbind met die voorafgaande afdeling. Laat jou maat toe om hom-/haarself te wees. Moet jou maat nie telkens probeer verander of in jou "mould" indruk nie. Aanvaar jou maat waar hy/sy anders as jy opereer. Respekteer hom/haar, ook vir die eienskappe waarvan jy minder hou en wat jou dikwels negatief beïnvloed. Sien die kwaliteit van jou maat se unieke stem as 'n verryking in die duet wat julle saam sing.

Ruimte beteken verder dat jy nie onrealistiese verwagtinge van jou maat moet hê nie. As jou maat byvoorbeeld 'n intense mens is en sterk wisselende emosies ervaar, mag jy nie verwag dat hy/sy die lewe meer ligtelik moet opneem en alles nie so swaar moet maak nie. Jou maat sal altyd meer met olifantsvoete trap terwyl jy miskien soos 'n bok dartel.

Jy mag ook nie jou maat in 'n rol dwing wat nie by hom/haar pas nie. As jou maat min van leiding-neem en beheer hou, laat hom/haar toe om wel die leier te wees ten opsigte van aspekte waar hy/sy sterk voel of die *fundi* is, maar laat jou maat ook toe om dikwels 'n volgeling te wees. Die man moenie van die vrou verwag om altyd "sag", huislik en inskiklik te wees as sy eintlik 'n persoon is wat sterk en selfgeldend funksioneer nie.

Om mekaar ruimte te gee, impliseer verder dat jy nie vir jou maat en sy/haar gedrag verantwoordelikheid hoef te neem nie. Moet byvoorbeeld nie toelaat dat jou maat se intense emosies jou te veel insluk of verswelg nie. Los dit vir hom/haar om dit self uit te sorteer. Jy kan net empaties luister. Jy kan nie jou maat se lewe dra nie en hoef dit ook nie te doen nie – jou eie is reeds genoeg. En jy kan nie daardeur werklik 'n verskil maak nie.

'n Huwelik kan ook nie al jul behoeftes vervul nie. Wanneer behoeftes te veel verskil, moet julle individueel na "buite" beweeg. Wanneer die een se sosiale behoefte sterker is, kan hy/sy meer dikwels alleen vriende besoek; wanneer die een meer sportief is en die ander een kultureel sterker, kan julle hierdie behoeftes ook individueel vervul. Dit vra weer fisieke ruimte. Die duet (eenheid) in die huwelik is nie allesbepalend nie – die solostem (tweeheid) moet ook kan uitstyg.

Elke solis moet verantwoordelikheid dra vir sy/haar gedrag en gevoelens, maar ook vir sy/haar eie individuele groei.

WAARDEER MEKAAR

'n Verhouding is 'n pad met pyn waarop mense mekaar te veel skaaf en skuur. Daarom moet daar ook genoeg tyd vir die positiewe en opbouende elemente wees. Wat maak jou dankbaar vir jou maat? Wat waardeer jy in jou maat? Deur dít verbaal uit te spreek en erkenning aan jou maat se besondersheid te gee, versterk jy nie net sy/haar selfwaarde nie, maar bou jy jou maat op en laat jy hom/haar positief en bly oor jul interaksie voel.

Kom ons voeg die daad by die wood en spreek dit 'n slag konkreet teenoor mekaar uit. Dit is iets wat julle van tyd tot tyd en herhaaldelik kan doen.

OEFENING 2

Individueel

Skryf die volgende neer:
1. Dinge wat ek in jou as persoon waardeer, is ...
2. Dinge wat ek in ons verhouding waardeer, is ...
(Noem al die dinge wat by jou opkom, ook dít wat jy as vanselfsprekend beskou.)

Julle twee saam

Kyk mekaar in die oë en sê wat julle neergeskryf het om die beurt vir mekaar.

Doen dit met groot liefde en 'n dankbare houding.

Probeer "voel" wat dit aan jou selfwaarde, maar ook aan jul interaksie, doen.

Opmerking

Het hierdie laaste gesprek 'n element van diepte in jul interaksie gebring? Toe ek die oefening eenkeer by 'n ma/dogter-oggend laat doen het, was daar heelwat nat oë.

Julle mag nie die goeie in mekaar as vanselfsprekend aanvaar en daarby verbyleef nie. Julle moet mekaar erkenning daarvoor gee en dit meer gereeld vir mekaar sê.

WEES AKTIEF VIR MEKAAR

Liefde is baie meer as 'n gevoel: Dit is 'n wilsbesluit om te dien, maar ook om te doen.

Liefde maak ons aktief vir mekaar. Jy probeer die ander een gelukkig maak, nie net deur wat jy voel of sê nie, maar veral deur jou dade.

Liefde aktiveer jou om jou in te span vir jou maat. Liefde inspireer jou om steeds van die kleinste dingetjies te doen wat vir jou maat lekker en belangrik is – ook al is dit vir jou van minder belang, al is dit vir jou 'n offer. Wanneer ons na Jesus kyk, besef ons dat die liefde wesenlik grensloos is. Liefde bevry jou om uit jou pad te gaan vir die ander, om altyd oor alle grense, ook deur pyn, na die ander uit te reik, om bereid te wees om terug te staan en op te offer vir die ander.

Beywer jy jou hiervoor? Is jy aktief vir jou maat?

WEES NAAK EN NABY

Kan jy ná al die verskeie oefeninge al gemakliker, soos jy is, sonder klere en mooi bedekkings, voor jou maat staan? Het jy genoeg vertroue in jou maat om jou kwesbare gevoelens met hom/haar te deel en jou hart oop te maak? Erken en respekteer jy ook jou maat se gevoelens en behoeftes genoeg sodat jou maat sy/haar hart vir jou sal ontsluit? Is jy en jou maat begrypend en aanvaardend wanneer julle julself vir mekaar blootlê? Ervaar julle ware maatskap en intimiteit met mekaar?

Jy moet steeds voortgaan op die pad sonder om jouself in jou maat te verloor. Wees jouself en deel hoe jy die lewe ervaar en hoe jy oor jou maat en sy/haar gedrag voel; deel die vreugde en pyn wat jul interaksie soms meebring. Moenie bang wees om jou behoeftes en verlangens op die tafel te sit en te sê wat jy graag wil hê en wat jy van jou maat verwag nie.

Aan die ander kant moet jy ook jou maat se vertroueling word. Gee aan hom/haar die veilige ruimte om dieselfde te doen. Neem altyd jou maat se gevoelens in ag en neem dit ernstig op. Wees versigtig om nie op gevoelens te trap nie.

Julle het mekaar nodig om telkens opnuut 'n definisie aan jul verhouding te gee en jul saamleef te vergemaklik deur soepel besluite en ooreenkomste.

RUIM TYD IN VIR MEKAAR

Naaktheid en nabyheid is natuurlik nie iets wat net daar is of wat spontaan kom nie. Julle moet julself daarop toelê en steeds daarvoor beywer.

Daarvoor is tyd, ruim tyd, nodig. Om tyd te maak sê vir jou maat dat hy/sy vir jou belangrik is. In die gejaagdheid van vandag moet julle doelbewus tyd maak vir mekaar en jul verhouding. Sonder elke dag 'n tydjie af om dinge te deel wat julle vandag op die een of ander manier as mens geraak het; raak mekaar as mense aan; gee julself aan mekaar – dan kan ook die liggaamlike 'n ervaring van nabyheid word.

Deur tyd te maak vir jou maat, sê jy: "Jy is vir my belangrik; ek wil met jou en by jou wees."

WY JULLE OPNUUT TOE

As julle mekaar wil laat blom, behoort julle julle toe te wy aan die voortgaande groei in jul verhouding. Hierdie keuse beteken dat julle elkeen afsonderlik en al twee saam besluit dat die groei van jul verhouding vir julle 'n prioriteit is wat deur niks verdring mag word nie – nie deur kinders of siekte of werksomstandighede of professionele of finansiële ideale, of wat ook al nie. En dat wanneer dinge moeilik gaan en julle verstrengel raak in emosies en probleme wat jul verhouding bedreig, julle julle sal *commit* om professionele hulp en terapie te soek.

Ek sluit af met 'n laaste baie belangrike opdrag. Dit is 'n belofte aan mekaar. Sien dit as 'n nuwe verbintenis om aan te hou groei in jul verhouding.

OEFENING 3

Julle twee saam

Kyk in mekaar se oë en lees hierdie beloftes hardop vir mekaar – eers die een, dan die ander.

Bedoel wat jy lees en maak dit jou erns.

Die man

My belofte

Ek bevestig aan jou my belofte van onvoorwaardelike liefde en trou.

Ek sal altyd daarna streef om my hart vir jou oop te maak en met begrip na jou te luister.

Ek sal my bes doen om vir jou 'n spanmaat, ondersteuner en kameraad te wees.

Ek sal bydra wat ek kan om jou te laat floreer.

Ek onderneem om jou altyd te vergewe en verdra.

Ek wy my toe aan die volgehoue groei van ons verhouding.

....
Handtekening

Die vrou

My belofte

Ek bevestig my belofte aan jou dat ek aan jou alleen trou wil wees en bly.

Ek onderneem om my bes te doen om vir jou 'n spanmaat, 'n kameraad en ondersteuner te wees en die vreugde in jou lewe aan te vul en te verryk.

Ek sal altyd daarna streef om my hart vir jou oop te maak en gevoelig en met respek na jou te luister.

Ek wy my toe aan ons eenheid en die volgehoue groei van ons liefde en verhouding.

Ek onderneem om jou altyd te vergewe en te verdra en lief te hê soos Christus ons liefhet.

....
Handtekening

Die huwelik bly steeds een van die hoofbronne waarin God vir die mens vreugde en geluk wil gee. Julle kan glo dat Hy julle sal help om hierdie geluk ook in die eenheid met mekaar te ervaar – naak en naby.